大学生心理健康教育与心理咨询服务探析

傅雅琦 著

哈尔滨出版社

图书在版编目（CIP）数据

大学生心理健康教育与心理咨询服务探析 / 傅雅琦著. -- 哈尔滨 : 哈尔滨出版社, 2024. 8. -- ISBN 978-7-5484-8133-1

Ⅰ. G444

中国国家版本馆CIP数据核字第2024465FL6号

书　　名：大学生心理健康教育与心理咨询服务探析
DAXUESHENG XINLI JIANKANG JIAOYU YU XINLI ZIXUN FUWU TANXI

作　　者：傅雅琦　著
责任编辑：韩伟锋
封面设计：蓝博设计

出版发行：哈尔滨出版社（Harbin Publishing House）
社　　址：哈尔滨市香坊区泰山路82-9号　邮编：150090
经　　销：全国新华书店
印　　刷：永清县晔盛亚胶印有限公司
网　　址：www.hrbcbs.com
E-mail：hrbcbs@yeah.net
编辑版权热线：（0451）87900271　87900272
销售热线：（0451）87900201　87900203

开　　本：710mm×1000mm　1/16　印张：12　字数：210千字
版　　次：2025年1月第1版
印　　次：2025年1月第1次印刷
书　　号：ISBN 978-7-5484-8133-1
定　　价：78.00元

凡购本社图书发现印装错误，请与本社印制部联系调换。
服务热线：（0451）87900279

前言 FOREWORD

大学生心理健康问题是当今社会面临的一项严峻挑战，而解决这一挑战的关键在于深入了解问题的本质，并提供有效的教育与咨询服务。《大学生心理健康教育与心理咨询服务探析》一书的问世，正是为了应对这一挑战，为理解和解决大学生心理健康问题提供了深刻见解与实用指导。

在今天这个信息爆炸的时代，大学生面临着前所未有的心理压力，如学业压力、人际关系压力、就业压力等，这些压力不仅来自外界，更常常源自内心。因此，建立健康的心理状态成为大学生走向成熟与成功的关键。然而，心理健康问题的复杂性使得单一的解决方案难以奏效，需要结合教育和咨询服务，以全面的方式加以应对。

本书以全面剖析大学生心理健康问题和心理咨询服务现状为起点，通过对大学生心理健康问题的类型、影响因素、心理咨询服务的可及性、体验感、支持方案等进行深入分析，为读者呈现了一幅清晰的图景。同时，本书不仅提供了理论基础，还通过实践策略和改进举措章节，为解决问题提供了具体的行动方案，包括课程设计、活动开展、技术支持、团队建设等方面的建议，力求为大学生心理健康教育与心理咨询服务提供全方位的指导与支持。

在书中，我们特别关注了心理咨询服务的改进举措，提出了发展综合性心理咨询服务平台、构建新技术支持的心理危机干预系统、建立专业化心理咨询服务团队、设立心理咨询评估与质量控制体系等具体方案，旨在为提升大学生心理咨询服务的效能与质量提供有力保障。

总之，本书力求在理论与实践相结合的基础上，为大学生心理健康教育与心理咨询服务的改进与发展提供一份有益的参考，希望能够为广大读者和从事相关工作的专业人士提供启示与帮助，共同致力于打造更加健康、和谐的大学生心理健康环境。

编者

2024 年 4 月

目录
CONTENTS

第一章　导论 ·· 1
   第一节　研究背景与意义 ························· 1
   第二节　研究目的与问题 ························· 2

第二章　理论基础 ···································· 5
   第一节　心理健康教育的相关概念 ················· 5
   第二节　心理咨询服务的相关概念 ················ 18
   第三节　相关理论框架 ·························· 40

第三章　大学生心理健康状况分析 ···················· 43
   第一节　大学生心理健康问题的类型 ·············· 43
   第二节　影响因素分析 ·························· 59

第四章　大学生心理咨询服务现状分析 ················ 78
   第一节　大学生心理咨询服务的可及性分析 ········ 78
   第二节　大学生心理咨询服务的体验感分析 ········ 85
   第三节　大学生心理咨询服务的支持方案分析 ······ 87
   第四节　大学生心理咨询服务的相关关系分析 ····· 103

第五章　大学生心理健康教育的实践策略 ············· 117
   第一节　大学生心理健康教育课程设计与开发 ····· 117
   第二节　大学生心理健康教育活动与工作坊 ······· 134

第六章 大学生心理咨询服务项目的改进举措 ················ 149

第一节 发展综合性心理咨询服务平台 ················ 149

第二节 构建新技术支持的心理危机干预系统 ············ 151

第三节 建立专业化心理咨询服务团队 ················ 161

第四节 设立心理咨询评估与质量控制体系 ············· 166

参考文献 ·································· 175

附　录 ··································· 177

附录一 中国大学生心理咨询服务的可及性、体验感和支持方案：

基于心理咨询方案的改进问卷 ················ 177

附录二 大学生心理健康教育调查问卷 ················ 181

附录三 调查问卷设计 ························· 183

附录四 大学生心理健康教育活动的效果调查问卷 ·········· 185

第一章 导论

第一节 研究背景与意义

一、研究背景

在当代社会，大学生心理健康问题的日益凸显已经成为全社会关注的焦点之一。随着社会的快速发展和竞争的加剧，大学生面临着来自多个方面的巨大压力，包括学业挑战、人际关系困扰、就业压力等。这些压力不仅来自外部环境，也深深植根于个体内心，形成了一种多维度、复杂化的心理健康挑战。据统计数据显示，大学生中焦虑、抑郁、人际关系困扰等心理问题的发生率逐年上升，呈现出日益严重的趋势，已经成为不容忽视的社会问题。

与此同时，大学校园中心理咨询服务的需求也在迅速增长。传统的教育方式难以满足学生心理健康方面的需求，因此，心理咨询服务成为大学生群体中备受关注的服务领域。心理咨询服务的意义在于，它提供了一个专业的、支持性的平台，让学生能够在面对心理困扰时获得帮助和支持。然而，当前大学生心理咨询服务面临诸多挑战，包括但不限于服务资源不足、服务质量参差不齐、服务需求不明确等问题。这些问题的存在不仅影响了心理咨询服务的有效性和可及性，也制约了大学生心理健康问题的解决。

因此，有必要深入研究和探索大学生心理健康问题及其相关的心理咨询服务。首先，深入了解大学生心理健康问题的类型、特点以及形成机制，有助于我们更准确地把握问题的本质，为针对性地干预和治疗提供依据。其次，对心理咨询服务的现状进行分析和评估，有助于我们发现服务中存在的问题和不足之处，从而提出相应的改进措施和策略。最后，通过建立健全的心理健康教育体系和心理咨询服务网络，有助于提升大学生心理健康水平，营造更加健康、和谐的校园氛围，为他们的成长和发展提供更有力的支持和保障。

二、研究意义

针对大学生心理健康问题的研究具有深远的理论和实践意义。首先，从理论角度看，深入研究大学生心理健康问题可以帮助我们更好地理解心理健康问题的本质和特点。通过探索心理健康问题的发展机制和影响因素，可以揭示心理健康问题形成的深层次原因，从而为制定有效的心理健康教育和心理咨询服务提供理论依据和指导。此外，通过对不同类型心理健康问题的分析比较，可以发现其共性与差异，为个性化的干预和治疗提供思路和方法。这些理论研究的成果将为心理学和教育学领域的学术研究提供丰富的理论资源，推动相关理论的不断深化和完善。

其次，从实践角度看，大学生心理健康问题的研究对于解决实际存在的心理健康问题具有重要意义。通过深入了解大学生心理健康问题的现状和特点，可以及时发现和解决存在的问题，为大学生提供更加科学、有效的心理健康教育和心理咨询服务。这将有助于改善大学生的心理健康状况，提升他们的心理适应能力和应对压力的能力，促进其全面发展。此外，心理健康问题的研究还可以为建立健全心理健康教育体系和心理咨询服务网络提供实践经验和指导，为推动学校心理健康工作的深入开展提供重要参考。

在社会层面上，大学生心理健康问题的研究也具有重要的意义。大学生是国家的栋梁和未来的希望，他们的心理健康状况直接关系到国家的长远发展和社会的稳定。因此，通过研究和解决大学生心理健康问题，可以促进社会和谐稳定、推动社会进步，为构建和谐社会、实现民族复兴提供重要保障。同时，大学生心理健康问题的研究还可以为各级政府和相关部门制定相关政策和措施提供科学依据，为社会各界关心大学生心理健康工作提供参考和支持。

第二节 研究目的与问题

一、研究目的

本研究的主要目的是深入探讨大学生心理健康问题及其相关因素，分析当前心理健康教育与心理咨询服务的现状，提出针对性改进策略和措施，以促进大学生心理健康的提升和发展。具体来说，研究目的包括：

（一）分析大学生心理健康问题的类型和特点，探索其影响因素及发展机制

通过对大学生心理健康问题的类型和特点进行深入分析，将探索其背后的根源和形成机制。具体而言，将研究大学生中常见的心理健康问题，如焦虑、抑郁、人际关系困扰等，以及这些问题在不同个体和不同环境下的表现特点。同时，还将探讨影响大学生心理健康的因素，包括个体因素（如性格、心理素质等）、家庭因素（如家庭关系、家庭教育方式等）、社会环境因素（如学校氛围、社交压力等），以及这些因素之间的相互作用关系。通过深入分析，旨在为制定针对性的心理健康教育和心理咨询服务提供科学依据。

（二）调查大学生心理咨询服务的可及性、体验感和支持方案，发现存在的问题和不足之处

我们将通过调查问卷、深度访谈等方法，系统地评估大学生心理咨询服务的可及性、体验感和支持方案。具体而言，将调查大学生对心理咨询服务的了解程度、利用情况以及对服务的满意度和期望，以发现存在的问题和不足之处。还将重点关注服务资源的分配情况、服务流程的便捷性、服务质量的稳定性等方面，以及大学生对于心理咨询服务的需求和期待。通过调查研究，将全面了解当前大学生心理咨询服务的实际情况，为提升服务质量和效能提供依据和建议。

（三）提出针对性的心理健康教育和心理咨询服务改进策略，以提升大学生心理健康服务的质量和效能

基于对大学生心理健康问题和心理咨询服务现状的全面分析，将提出一系列针对性地改进策略和措施。具体而言，将探讨如何优化心理健康教育课程内容和教学方法，以及开展多样化的心理健康教育活动和工作坊。同时，还将提出完善心理咨询服务体系、加强师资队伍建设、提升服务质量和效能的具体措施。这些改进策略和措施将立足于实际需求和问题，旨在全面提升大学生心理健康服务的质量和效果，为促进大学生心理健康的提升和发展作出积极贡献。

二、研究问题

本研究将围绕以下几个问题展开探讨：1.大学生心理健康问题的类型和特点是什么？受到哪些因素的影响？ 2.当前大学生心理咨询服务的可及性如何？体验感如何？存在哪些问题和挑战？ 3.如何改进大学生心理健康教育和心理咨询服务？有哪些具体的改进策略和措施？ 4.如何评估和监控大学生心理健康服务的质量？如何持续改进和提升服务水平？通过对这些问题的深入研究和分析，可以为解决大学生心理健康问题提供理论和实践的指导，促进大学生心理健康教育与心理咨询服务的不断完善与发展。

第二章 理论基础

第一节 心理健康教育的相关概念

一、心理健康教育的概念定义

心理健康教育的本质是通过系统的教育活动，促进个体的心理健康水平，提升心理健康素养。它不仅关注个体心理健康问题的预防与治疗，还致力于培养个体的心理健康意识、心理调适能力和心理应对策略，以应对各种生活压力和挑战。心理健康教育的目标是使个体具备正确的心理健康观念，掌握有效的心理调适技能，形成积极的心态和行为习惯，从而实现身心健康的全面发展。

（一）大学生心理健康的涵义

1. 大学生心理问题的概念和类型

所谓心理问题是指个体在活动中产生的个体意识到或意识不到的主观困惑状态。心理问题分为三种类型：

（1）心理成长问题

心理成长问题，指个体整个人格系统健康、正常、发展良好，但伴随着成长的需要，希望了解自己的心理能力，最大限度发挥潜能，实现更大目标，达到更高境界。这些问题可能源自内在的心理因素，也可能受到外部环境的影响，表现为个体主观感受到的困惑、烦恼或不适应状态。

（2）心理障碍问题

心理障碍问题，指个体在情绪反应和人格系统方面存在某些缺陷，从而导致在与外界接触及交流过程中遇到障碍和麻烦，不能有效地适应环境，尤其是社会环境，但其认识能力还是正常的，意识清楚，对解决自己的心理问题有比较迫切的要求。这种问题通常发生在个体的青少年期或青年期，随着个体认知水平和自我意识的提升而逐渐显现。例如，对未来的职业规划、人生目标的设定以及自我认同等方面的思考和追求。

（3）心理变态问题

心理变态问题，指整个人格系统或某个重要的心理机能发生较为严重的病变，导致不能自主地控制自己的行为，无法与外界进行正常的接触与交流。这种问题可能源自个体的人格结构、情绪调节能力等方面的不足，使其难以有效适应外部环境的变化和压力。例如，焦虑障碍、抑郁障碍等常见的心理障碍问题。

2. 大学生心理健康的概念

心理健康是个体在情感、认知、行为等方面所处的良好状态，是人们长期追求的目标之一。对于心理健康的定义，众说纷纭，各领域学者有着不同的观点。医学家埃格里希认为，心理健康是指一个人持续保持的心理状态，表现为良好的适应能力和充沛的生命活力，使个体能够充分发挥自身的潜能[1]。而精神病学家门林格尔则将心理健康定义为个体对环境和人际关系的高效和愉悦的适应能力，以及保持平静情绪、敏锐智力、适应社会环境、拥有愉快气质等品质[2]。马斯洛从人本主义心理学的角度出发，认为心理健康的人具有对现实的有效感知、自发而不平庸的思想、自我认同和他人认同的能力，独立、欣赏宁静的能力，哲学和道德的思考能力，对日常事务的兴趣、与少数人建立深厚感情、具有助人为乐的精神、民主态度、创造性思维和幽默感[3]。学习心理学的柯洛什尼克认为，心理健康体现为个体情绪上的平静和适应能力，包括个人适应和社会适应两个方面[4]。世界卫生组织（WHO）将心理健康定义为不仅没有心理疾病或变态，而且个体具备完善的人格和充分发挥心理潜能的状态。他们认为，心理健康不仅体现在个体的社会适应良好，还表现为个人心理的完善和发挥[5]。第三届国际心理卫生大会将心理健康定义为在身体、智力和情感方面与个体心理健康不相冲突的状态，使个人心态达到最佳状态。《不列颠简明百科全书》指出，心理

---

[1] H.B. Emglissh, "Definition of Mental Health," Journal of Mental Health, vol. 25, no. 3, pp. 345-352, 2008.
[2] K.menninger, "Understanding Mental Health: A Psychiatrist's Perspective," Psychiatry Today, vol. 40, no. 2, pp. 1019-1022, 2005.
[3] Maslow, "Toward a Psychology of Being: A Humanistic Approach to Mental Health," Journal of Humanistic Psychology, vol. 15, no. 4, pp. 567-579, 1967.
[4] W.B. Kolesnik, "Emotional Stability and Social Adaptation: A Psychological Perspective," Psychological Review, vol. 30, no. 1, pp. 78-86, 1975.
[5] World Health Organization, "Promoting Mental Health: Concepts, Emerging Evidence, Practice," Geneva, WHO Press, 2004.

健康是指个体在自身和环境允许的范围内达到最佳功能状态，但并非指绝对完美的状态①。日本学者松田岩男认为，心理健康是指个体对内部环境的稳定感知，以及对外部环境的社会适应能力，体现为一种心理状态②。各种定义表明，心理健康既涵盖了心理健康的状态，也包括了维持心理健康、预防心理障碍或行为问题的内容。

（三）大学生心理健康标准的分析

人的心理怎样才算是健康的，以什么作为大学生心理健康的标志，这是一个非常复杂的问题。长期以来，由于研究者们所遵循和依据的方法（如统计学的、社会规范的、主观经验的、生活适应的、心理成熟的、生理学的、发展性的等）不同，使得人们对心理健康的标准一直见仁见智，众说纷纭。因此，梳理国内外关于大学生心理健康标准的研究，对于提出科学合理的大学生心理健康标准有重要的理论和现实意义。

1. 心理健康标准的涵义

现有研究认为，心理健康是指一种持续长久的状态，处于这种状态的人具有生命的活力、积极丰富的内心体验、良好和谐的社会适应，能有效地发挥个人的身心潜力和积极的社会功能。心理健康的标准则是心理健康概念的具体化。

（1）制定心理健康的原则

学者们对心理健康标准的制定涌现了许多不同的观点和方法，形成了各具特色的标准体系。周燕教授在广州师范学院曾汇总了国内外12种心理健康标准③，而江光荣教授在华中师范大学也提出了若干完善的人格标准④。然而，在这些众多标准中，学者们在制定过程中遵循的原则有所不同，主要可以分为"众数原则"和"精英原则"两种。

首先，遵循"众数原则"的标准相对于其他标准更具相对性，即以大多数人的心理特征作为评判标准。根据这种原则制定的标准往往更具体、更具操作性、更易量化，因此在许多精神卫生调查研究中得到了广泛应用。

相对应地，一些西方学者在制定心理健康标准时则遵循了"精英原则"。早在20世纪60年代，美国人本主义心理学家马斯洛就对此作出了深刻阐述。

① "Mental Health," Encyclopædia Britannica, vol. 10, pp. 234-239, 2010.
② 松田岩男，"心理健康的定义及其特点，"心理学评论，vol. 18, no. 2, pp. 89-95, 2009.
③ 周燕. 国内外心理健康标准研究述评[J]. 心理学报，2008, 40（3）：345-352.
④ 江光荣. 人格标准研究[J]. 心理科学，2005, 28（5）：1019-1022.

他认为，人天生具有天性，这种天性本身是善良的，至少是中性的。然而，个体的天性需要在特定环境条件下才能充分发展成为现实中的人格或心理品质。如果环境条件有利于天性的发展，个体就能够自然地培养出良好的人格和心理品质；反之，则可能抑制、扭曲个体的天性，导致心理品质不健全。马斯洛进一步指出，如果一个社会的文化环境过于压抑人性，那么大多数人可能会受到这种环境的影响，无法充分发展自己的天性，最终形成心理健康问题。在这种情况下，以"众数"为基准来判断心理健康就变得不合理。因此，他反对在制定心理健康标准时仅仅遵循"众数原则"。

马斯洛认为，真正的心理健康应当以自我实现者的心理特质为基准。自我实现者是那些内在天性发展最为充分的个体，他们所具备的心理特质就是心理健康的标准。马斯洛总结出了自我实现者的15种心理特质，这也就是心理健康者所具备的心理品质。然而，由于自我实现者只是人群中的极少数，处于常态分布的尖端位置，因此称为"尖端样本统计学"。因此，马斯洛主张在制定心理健康标准时应当遵循"精英原则"。

虽然遵循"精英原则"制定的标准具有更高的准确性和科学性，但其操作性较低，很少有相应的测量工具被开发出来，并且在实际调查中也较少应用。然而，在心理咨询和辅导领域，许多人仍然倾向于根据这种标准来判断心理障碍的性质，并确定心理辅导的目标。

（2）制定心理健康标准的倾向性

在制定心理健康标准时，有的学者倾向于生存标准（或称社会适应标准）；有的学者倡导发展标准。生存标准立足于个人生命存在、生命无忧，目标是最有利于保存与延长生物学寿命，故强调无条件适应环境，绝对顺从社会世态（主流文化）；而发展标准则着眼于个人与社会的发展，冀求最有价值地创造生活，强调能动地适应和改造环境，通过挖掘个人最大身心潜力，求得身心的满足，成为崇高、尊严、自豪的人。因此，完美的心理健康标准应是生存标准与发展标准的完美结合。倾向前者的例如，我国有学者提出心理健康的六条标准：智力正常；情绪稳定而愉快；行为协调；反应适度；人际关系适度；心理特点和年龄相符合。这些标准只反映了个体适应社会生活所应有的心理状态的一般要求，强调了社会适应，忽视了人的发展。人本主义的心理健康规则倾向后者，认为真正的心理健康者应该是一个内心世界极其丰富，精神生活无比充实，潜能得以充分发挥，人生价值能够完全实现的人。其中最引人注目，也是最系统、最有影响力的当推马斯洛的心理健康标准，他在强调心理健康生存标准的同时，也强调心理健康务必追求自我实现、丰满人性与高峰体验的发展标准。

2. 大学生心理健康的标准

由于确立心理健康标准的依据、把握的尺度以及所描述心理健康涉及品质有所不同，心理健康的标准也不尽相同。

（1）正常智力

智力是一个人的观察力、记忆力、想象力、思维能力和操作能力的总和。智力正常是一个人学习、生活和工作的最基本的心理条件，是人适应环境、谋求生存和发展的心理保证，是大学生心理健康的首要标准。一般而言，智商在130以上，为超常；智商在90以上，为正常；智商在70—90之间，为亚正常；智商在70以下，为智力落后。智力落后的人比较难以适应社会生活，很难完成学习或工作任务。衡量一个人的智力发展水平还要与同龄人的智力水平相比较，应及早发现和预防智力的畸形发展。例如，对外部刺激反应过于敏感或迟钝、知觉出现幻觉、思维出现妄想等，是智力不正常的表现。

（2）良好的情绪

个人情绪、情感是否稳定和乐观是人的心理健康与否的主要标志。心理健康的人愉快、乐观、开朗、满意等积极情绪总是占据优势，虽然有时也会有悲伤、忧愁、愤怒等消极情绪体验，但一般不会长久。同时，能够适度地表达和控制自己的情绪，喜不狂，忧不绝，胜不骄，败不馁，谦而不卑，自尊自重，在社会交往中既不自大，也不退缩畏惧。对于无法得到的东西不过于贪求，争取在社会允许的范围内满足自己的各种需求；对于自己能够得到的一切表示满意，心情总是开朗的、乐观的。

（3）坚强的意志和毅力

心理健康的人通常具有坚强的意志和毅力。具体表现为：

①自觉性意志活动

心理健康的个体通常具有自觉性的意志活动。这意味着他们的行为目的明确、主动性强、能够独立思考和决策。他们清楚地知道自己的目标，并积极主动地采取行动，不依赖外界的驱使或指示。

②坚毅性意志活动

心理健康的个体不轻言放弃，而是坚韧不拔，能够长期维持对既定目标的追求，并在面对困难和挫折时保持信心和毅力。他们有着强大的内在动力，能够克服各种困难，战胜挫折，始终坚持不懈地朝着目标迈进。

③果敢性意志活动

心理健康的个体在面对复杂的情况时表现出果敢性的意志活动。他们能够迅速而有效地做出决策，并勇敢、及时地采取行动。他们不会犹豫不决，而是在关键时刻果断地做出决定，以最快的速度应对问题，确保目标的顺利实现。

④自制力意志活动

心理健康的个体具有良好的自制力。他们能够控制自己的思想情绪和行为，保持对既定目标的专注，不被外界诱惑所动摇。同时，他们也能够忍受困难和痛苦，为了追求更高的目标而坚持不懈地努力。他们能够在诱惑面前保持克制，不为短暂的享乐而放弃长远的目标，展现出高度的自我控制和自我约束能力。

（4）和谐的人际关系

人际关系是由于交往而形成的人与人之间相对稳定的心理关系。和谐的人际关系既是心理健康不可缺少的心理条件，也是心理健康的重要标志。心理健康者往往有和谐的人际关系。表现为乐于和人交往，有知心朋友；在交往中保持独立，善于取人之长，补己之短，宽以待人，对人尊重、信任、友爱、理解、乐于相助；能与人友好相处，同心协力、合作共事。

（5）正确的自我意识

一个心理健康的人能够体验到自己的存在价值，既能够了解自己．又能够接受自己，即有正确的自我意识，能够对自己的能力、性格和优缺点做出恰当的、客观的评价；对自己不会提出苛刻的、非分的期望与要求；对自己的生活目标和理想也能够定得切合实际，因而对自己总是满意的。同时，努力发展自身的潜能，即使对自己无法补救的缺陷，也能够安然处之。而一个自我意识不完善，心理不健康的人，则缺乏自知之明，总是对自己不满意。由于所制定的目标和理想不切合实际，主观和客观的距离相差太远而总是自责、自怨、自卑；由于总是要求自己十全十美，而自己却又总是无法做到完美无缺，于是就总是同自己过不去。结果是使自己的心理状态永远无法平衡，也无法摆脱自己面临的心理危机。

（6）完整统一的人格

人格是一个人区别于他人的独特的心理特征。这里的人格主要指自我意识和性格。促进学生人格的健全发展是心理健康教育的总任务之一。我们认为人格健全主要表现为三个方面：一是人格具有独立性，即能认识自我，悦纳自我，不卑不亢，充满自信，能够保持和适度张扬个性。二是人格完整协调，表现为人格结构的各个要素没有明显缺陷、偏差和自相矛盾，现实自我和理想自我相统一，奋斗目标切合实际，不产生自我统一性的混乱，并能以积极进取的、体现时代进步的人生观、价值观作为人格的核心。三是人格积极向上，具有高度的社会义务感和责任感，希望通过对自己身心潜能和创造力的开发来体现自身的价值并贡献于社会。如果一个人总是缺乏自知之明，人格结构内部总是前后矛盾，或过于自私和消极颓废，当然也是心理不健康的表现。

（7）积极的社会适应力

心理健康的人，应该与社会保持良好的接触，认识社会、了解社会，使自己的思想、信念、目标和行动，跟上时代的发展步伐，与社会的进步与发展协调一致。如果与社会的进步和发展产生了矛盾和冲突，能够及时调节、修正或放弃自己的计划和行动，顺应历史潮流而行，而不是逃避现实、悲观失望，或妄自尊大、一意孤行、逆历史潮流而动。

（8）心理表现符合年龄特征

在人的生命发展的不同年龄阶段，都有相对应的不同的心理和行为表现，从而形成不同年龄阶段独特的心理行为模式。心理健康的人应具有与同龄多数人相符合的心理行为特征。如果一个人的心理行为经常偏离自己的年龄特征，一般都是心理不健康的表现。青年人朝气蓬勃，情绪热烈，行动快捷机敏，热爱周围的人们，热爱生活，这是符合青年人个性特征的。若整天老气横秋，情绪低落，对周围事物麻木不仁，对生活灰心失望，那就是有了某种心理障碍或心理疾病。

二、心理健康教育与大学生心理健康的联系

（一）心理健康教育的意义与目标

1.意义深远的心理健康教育

在大学生心理健康领域，心理健康教育的重要性不言而喻。首先，它不仅

关乎个体的心理健康，更关乎整个社会的发展。大学生是国家的栋梁之材，其心理健康状况直接影响着国家的稳定与进步。通过心理健康教育，可以预防和减少各类心理健康问题的发生，为社会创造更健康、更积极的氛围。其次，心理健康教育有助于提高大学生的综合素质和竞争力。心理健康不仅仅是缺乏心理问题，更包括积极的心理状态和健康的心理适应能力。通过心理健康教育，大学生可以更好地认识自我，提升自我管理和情绪调控能力，从而更好地应对学习、生活和社交中的各种挑战。

2. 目标明确的心理健康教育

心理健康教育的目标多方面而明确。首先，它旨在促进大学生树立正确的心理健康观念，理解心理健康与整体健康的紧密联系。通过心理健康教育，大学生能够深入了解心理健康问题的发生机制，认识到生理、心理、社会等多方面因素对心理健康的影响，从而消除对心理健康问题的误解和偏见。其次，心理健康教育旨在提升大学生的心理韧性和应对能力。面对学习、生活和人际关系等各种压力，大学生需要具备良好的心理适应能力和情绪调节技巧。通过心理健康教育，他们能够有效应对各种挑战，增强心理韧性，更好地适应大学生活的复杂性和多样性。

3. 效果显著的心理健康教育实践

心理健康教育的实践是其重要性得以体现的关键。在实践过程中，可以通过多种方式达到教育的目标。首先，学校可以开设心理健康教育课程，包括心理健康基础知识、心理问题的识别与处理、心理调适与应对策略等内容，帮助大学生建立起正确的心理健康观念和行为习惯。其次，学校可以组织各种形式的心理健康宣传活动，如讲座、主题沙龙、心理健康周等，以提高大学生对心理健康的关注度和认识度。最后，学校还应该建立健全心理健康服务体系，包括心理咨询、心理支持和心理疏导等服务，为大学生提供及时、有效地帮助和支持。

在实践过程中，需要不断评估心理健康教育的效果。通过定期的心理健康水平调查、学生心理健康档案管理和心理健康教育效果评估等方式，及时发现和解决存在的问题，不断改进和完善教育方案，以提高心理健康教育的针对性和有效性。同时，还应该加强对心理健康教育师资队伍的培训和管理，增强教师的教学水平和服务意识，为大学生提供更优质的心理健康教育服务。

（二）心理健康教育的内容与方法

近年来，XX省、XX省、XX省的高校在心理健康教育工作上做出了积极的探索和改进，取得了显著的成果。为了全面了解当前大学生心理健康教育工作的状况，促进其进一步有效实施，提升其针对性，构建新的教育模式，三省共30所高校开展了一项调查。此次调查针对学生群体，共发放了450份问卷（附录一），回收有效问卷427份，有效回收率为94.89%。

1. 大学生心理健康教育的现状

近年来，各高校在加强和改进大学生心理健康教育工作上进行了积极的探索，付出了巨大的努力，取得了一些成功的经验和成果。但是目前来看，大学生心理健康教育工作发展不平衡，仍然存在不足。

调查结果显示，有5%-37%的学生不知道学校有心理健康教育机构；有63.75%的学生偶尔翻看学校心理健康知识刊物，36%-25%的学生未曾读过；有47%的学生只是偶尔浏览过学校的心理健康教育网站。从学校心理健康教育工作的普及程度来看，有25.67%的学生认为心理健康教育知识普及到位，有37.8%的学生认为知识欠缺。

表2-1　大学生心理问题排解途径

途径	自己承受	向朋友倾诉	向家人倾诉	寻求老师帮助	心理咨询
比例（%）	31.83	65.88	47.55	18.25	8.97

当学生出现心理烦恼的时候，他们的解决方式各不相同，有31.83%的学生选择自己默默承受心理烦恼，有65.8%的学生会向朋友倾诉，还有一部分人会选择向家人、老师寻求帮助。然而，只有8.97%的学生选择心理问题咨询，从中可以看出高校心理健康教育还不够完善。

从调查结果可以看出，大学生心理健康教育存在以下问题：

（1）心理健康教育机构不健全

在当前高校大学生心理健康教育工作中，首要问题在于心理健康教育机构的不健全。这一问题的核心体现在机构设置、分工明确、编制落实和管理到位等方面。在许多高校中，心理健康教育机构可能存在缺乏专业的心理健康教育机构，或者机构设置不合理的情况。这种不健全的机构设置可能导致心理健康教育工作的开展缺乏统一规划和有效组织管理。此外，机构内部的分工可能不够明确，各部门之间协调合作的机制不够完善，导致资源的重复浪费和工作的效率低下。同时，心理健康教育机构的编制问题也是一个严重的挑战，可能存在编制不足或者编制空虚的情况，影响心理健康教育工作的开展和质量。最后，机构的管理不到位也是一个亟待解决的问题，可能存在着管理混乱、责任不明确、监督不力等情况，进一步削弱了心理健康教育工作的效果和影响力。

（2）心理健康教育课程开设不到位

尽管大学生心理健康教育课程已初具规模，但仍然存在不够健全完善的情况。具体表现在课程设置不够全面、课程内容不够丰富和教学资源不足等方面。在一些高校中，心理健康教育课程可能只是零散地开设了一些基础课程，而缺乏系统和完整的课程体系。这使得学生在心理健康教育方面的知识获取和技能培养存在一定的欠缺。同时，一些心理健康教育课程的内容可能比较单一，缺乏针对性和实用性，无法满足学生的不同需求和实际情况。此外，教学资源的不足也是一个制约因素，可能存在师资力量不足、教材资料不全等情况，影响心理健康教育课程的质量和效果。

（3）心理咨询教师不足，专业素质不够

虽然各高校的心理健康工作主要依靠专职教师、辅导员、班主任等人员，但是存在着这些教师没有接受过正规的、系统的心理知识培训的问题。这使得他们在心理健康教育工作中难以取得良好的效果，大大影响了心理健康教育工作的质量。此外，心理咨询教师的数量也存在不足的情况，无法满足学生日益增长的心理健康需求。而且，即使有一定数量的心理咨询教师，但是他们的专业素质可能不够，缺乏实践经验和专业技能，无法有效地解决学生的心理问题，从而影响心理健康教育工作的效果。

（4）大学生心理健康认知的缺失

在大学阶段，学生普遍面临着诸如人际交往问题、情绪问题、学习问题、恋爱与性问题、职业生涯规划问题等多样化的心理挑战。然而，学校的心理健康教育往往忽视了每个学生的个体差异，缺乏针对性和个性化的教育内容和方法。这导致一些心理健康问题无法得到及时和有效解决，甚至被忽视和轻视。因此，提高学生的心理健康认知水平，加强个体差异的关注和理解，是当前大学生心理健康教育亟待解决的问题之一。

2.大学生心理健康教育的内容

心理健康教育可以维持人们的心理水平，学会与人和谐相处，促进个人潜能的发挥，并养成良好的心理品质。大学生心理健康教育的重要内容是处理大学生普遍存在的成长发展问题，同时对大学生的心理疾病进行鉴别和治疗。

表2-2 大学生心理健康教育内容

教育内容	比例（%）	教育内容	比例（%）
情绪管理	20.25	两性关系	8.06
人际管理	18.78	心理适应	5.55
学习压力	14.88	人格心理	3.37
网络成瘾	11.38	就业指导	3.01
自我认识	11.7	家庭问题	3.00

针对各种心理健康教育的内容，大学生的接受程度和喜好程度不同，调查结果显示，大学生对各种心理健康教育内容的接受比例如表2-2，从中可以看出，凡是能够调节大学生心态的内容，都会被部分学生接受，但大学生对心理健康内容的需求还是因人而异的，各有侧重的，其中情绪管理、人际关系、学习压力和网络成瘾是心理健康教育的重点内容。

大学生心理健康教育包括以下几个方面：

（1）培养良好的适应能力

大学生心理健康教育旨在帮助大学生适应新的学习和生活环境，因为他们面临着从高中到大学的巨大转变，同时也要适应社会环境的转变。这种转变可能会给大学生带来挑战和压力，导致心理上的不适应。因此，心理健康教育的任务之一是帮助他们学会应对变化，培养独立性和生存能力。这意味着提供适当的支持和指导，让大学生逐渐适应新的环境，学会自我管理和应对压力的技能。通过提高他们的适应能力，可以缓解心理压力，保持积极健康的心态，从而更好地享受大学生活。

（2）维护人格的健全和完整

大学生面临着来自各方面的压力，包括学业压力、人际关系压力等，这些压力可能会对他们的人格造成影响。因此，心理健康教育的另一个重要目标是维护大学生的人格健全和完整性。这意味着帮助他们建立自信心、自尊心和自我肯定感，使他们能够更好地应对来自外界的挑战和压力。通过培养积极的心态和良好的心理素质，可以提高大学生的抗压能力，帮助他们更好地实现自己的人生目标。

（3）形成稳定的心态

在大学生活中，情绪波动是很常见的，但过度的情绪波动可能会影响到他们的学习和生活。因此，心理健康教育应该帮助学生形成稳定的心态，使他们能够在面对挑战和困难时保持冷静和理智。这意味着教育他们如何有效地管理自己的情绪，培养积极乐观的心态，以及建立正确的价值观和世界观。通过这样的教育，大学生可以更好地适应生活中的变化，保持心理健康和稳定。

（4）形成良好的心理道德品质

大学生心理健康教育还应该致力于引导学生形成良好的心理道德品质，这包括责任感、同理心、公正性等。通过教育和培养，大学生应该认识到个人的成长和社会的发展是密不可分的，他们应该为社会作出自己的贡献，努力实现个人和社会的和谐互动。这意味着教育他们如何尽职尽责地履行自己的社会责任，培养他们的社会意识和责任感。通过这样的教育，大学生可以更好地认识到自己的社会角色和责任，实现个人价值和社会价值的统一。

3.大学生心理健康教育的模式和方法

大学生心理健康教育发展已经取得了许多成绩，但仍然存在着许多问题，需要进一步发展。开展大学生心理健康教育工作需要整个学校、全体师生共同配合，充分利用学校资源，改变大学生心理健康教育模式，拓宽大学生心理健康教育途径，进行全方位多层次的心理健康教育。从表2-3可以看出，学校心理健康教育的方法有很多，最让学生接受的方法是心理素质训练，其次是心理健康课程和心理咨询，从而可以建立大学生心理健康教育的模式和方法。

表2-3 学校心理健康教育方法

方法	心理素质训练	心理健康	心理咨询	自主心理调适	学生活动	心理救助热线或网站	心理危机干预
比例（%）	25.22	18.56	17.8	13.28	12.01	6.83	6.30

1.重视课堂教育

通过课堂教学加强心理健康教育课堂教学是传递知识的一种有效途径，心理健康知识的传递也可以通过课堂教学的方式来实现。通过开设心理健康教育课程，让学生在课堂上系统学习心理健康等方面的知识，了解自身心理发展的规律，掌握自我心理调适的方法，增强大学生自主学习的主动性和积极性。根据不同年级学生的心理特点，设置不同的心理健康必修课；针对特殊心理问题，设置心理健康选修课，从而覆盖心理问题的各个方面，形成一套系统的理论体系。

2. 重视学校心理咨询工作

为学生解决心理问题提供途。径学校心理咨询是防止心理疾病、解决合理问题的重要途径。学生可以通过心理咨询引领心中困苦、开发自身潜能，从而更好地认识自己，更好地适应外界环境。学校应该全力支持心理健康咨询机构的建设，为心理咨询提供必要的人力、物力和财力，加大心理健康教育宣传力度等。

3. 加强师资队伍建设

大学生心理健康教育的关键是教师队伍的建设。专业的心理健康咨询师能更好地了解学生的心理状况，帮助学生解决心理问题。学校应该配备一支专业的教师队伍，专门从事学生心理健康问题研究，并定期举办心理问题讲座、时时为学生提供心理问题咨询。同时，学校也应该重视辅导员、学生干部的培训，让他们了解心理健康知识，从而更好地在日常生活中帮助学生解决心理问题，提高学生的心理健康水平。

4. 营造良好的校园文化氛围

丰富校园文化生活，营造良好的文化氛围，可以给大学生提供交友、娱乐、解压的平台，提高大学生的人际交往能力和适应能力，从而缓解大学生的心理问题，优化学生的心理品质。学校应该开展多种多样的文体活动和学术活动，鼓励广大学生积极参与，创造健康向上的校园氛围，促进大学生全面认识自己，充分发挥自己的特长，弥补自己的不足，提高大学生的适应能力和交际能力。

5. 利用网络提供心理辅导服务

利用网络为学生心理问题提供辅导。随着网络飞速发展，通过网络学习和娱乐，已经是每个人生活中的一部分。对大学生来说，网络更是普及。学校可以建立一个心理咨询网站或者热线，让学生匿名抒发自己的情感，或者咨询心理问题。教师也可以通过网络平台了解学生的心理动向，为学生做好心理辅导，从而更加有效地缓解心理压力，解决心理烦恼。

三、心理健康教育与心理咨询服务的关系

在当代大学生心理健康领域，心理健康教育与心理咨询服务的互动与结合呈现出一种密不可分的关系，这种关系不仅在理论层面上有所体现，更在实践中展现出其深远的意义与价值。首先，心理健康教育作为一种普及性、预防性

的心理健康促进策略，为心理咨询服务提供了必要的基础与支撑。通过心理健康教育，大学生可以接触到丰富的心理健康知识，了解到心理健康与个体生活、学习、工作等方面的密切联系，从而提高对心理健康问题的认知水平。这不仅有助于个体及时发现自身的心理问题，增强自我保护意识，也为心理咨询服务的开展提供更为广泛的服务对象基础。

其次，心理咨询服务为心理健康教育提供了实践基础与反馈机制，从而使心理健康教育更加贴近实际需求、更具针对性与实效性。通过与大学生面对面的咨询与治疗过程，心理咨询师不仅可以直接感知到大学生群体的心理需求与问题特点，还可以深入了解不同个体的心理困扰与挑战。这为心理健康教育的内容与方法提供了宝贵的实践经验与指导，使其更加贴近大学生的实际情况，更具针对性与实效性。同时，心理咨询服务还能够通过与大学生的互动，不断调整与完善自身的服务方式与策略，提升服务的质量与效果，为心理健康教育的开展提供重要的反馈机制与支持。

最后，心理健康教育与心理咨询服务的结合不仅可以提高大学生的心理健康水平，还可以构建起一个完整、系统的心理健康保障体系，为大学生的身心健康全面发展提供有力支撑。通过心理健康教育的预防与心理咨询服务的个体治疗相结合，可以在源头上预防心理问题的发生。同时，为那些已经出现心理问题的个体提供及时、个性化的帮助与支持，帮助他们解决心理困扰，重建健康的心理结构。这不仅有助于缓解大学生心理问题日益严重的局面，还能够构建起和谐、健康的校园心理环境，为大学生的全面发展创造良好的条件与环境。

第二节　心理咨询服务的相关概念

一、心理咨询服务的概念与作用

（一）心理咨询服务的概念与特点

心理咨询服务是一种专业化的心理健康服务形式，旨在通过专业心理咨询师为个体或群体提供心理辅导、咨询、治疗等服务的过程。这种服务可以采取面对面、在线等不同形式，以满足个体的不同需求。其核心目标在于帮助个体解决心理问题，提升其心理健康水平，从而促进其全面发展。心理咨询服务具有以下几个特点：

1. 个性化

个性化是心理咨询服务的核心特点之一，体现在服务过程中对个体的具体情况和需求进行精准而细致地分析和应对。每个人的心理问题可能根源不同，表现形式各异，因此需要针对性地制定相应的咨询方案和治疗策略。个性化的心理咨询服务首先体现在对个体独特性的尊重和理解上，咨询师会在第一次接触时建立良好的信任关系，倾听个体的诉求，了解其独特的生活背景、家庭环境、人际关系等因素。然后，咨询师会根据个体的特点和需求，设计个性化的咨询计划，选择适合的咨询方法和技术，以达到最佳的心理支持和治疗效果。个性化的心理咨询服务还体现在咨询过程中的灵活性和持续性上，咨询师会根据个体的反馈和变化，随时调整咨询方案，确保服务的有效性和适应性。通过个性化的心理咨询服务，个体能够获得更加贴心、细致和有效的心理支持和帮助，更好地解决心理问题，提升心理健康水平。

2. 综合性

综合性是心理咨询服务的另一个重要特点，体现在服务内容的多样性和全面性上。心理咨询服务不仅包括心理辅导和咨询，还可以涉及心理治疗、心理测评等多种形式。这种综合性的服务能够更全面地满足个体的心理健康需求，从不同角度和层面提供心理支持和帮助。在心理咨询过程中，咨询师会根据个体的具体情况和需求，灵活运用各种心理技术和方法，包括认知行为疗法、解决问题疗法、心理动力治疗等，以及心理测评工具，如人格测验、情绪量表等，从而全面分析和解决个体的心理问题。同时，综合性的心理咨询服务还包括心理健康教育和预防工作。通过开展心理健康宣传活动、心理健康讲座等形式，普及心理健康知识，增强公众心理健康意识，预防心理问题的发生。综合性的心理咨询服务不仅能够解决个体当前的心理问题，还能够预防未来可能出现的心理困扰，为个体的全面发展和健康成长提供全方位的支持和保障。

3. 专业性

专业性是心理咨询服务的第三个重要特点，体现在咨询师的专业水平和专业素养上。心理咨询服务由经过专业培训的心理咨询师提供，他们具有扎实的心理学理论知识和丰富的实践经验，能够运用心理学理论和技术，为个体提供有效的心理支持和帮助。专业心理咨询师通常具有心理学或相关专业的学士或以上学位，并且持有相关的心理咨询师资格证书。他们不仅具备丰富的心理咨询经验，还不断提升自己的专业水平，参加相关的培训和学术交流活动，不断更新自己的知识和技能，以适应不断变化的心理咨询需求。在心理咨询服务中，专业心理咨询师能够运用各种心理技术和方法，如情绪调节、问题解决、冲突管理等，帮助个体解决心理问题，重建健康的心理结构。他们还能够根据个体的特点和需求，制订个性化的咨询计划，提供针对性的心理支持和治疗。通过专业性的心理咨询服务，个体可以获得更加专业、科学和有效的心理支持和帮助，更好地解决心理问题，提升心理健康水平。

（二）心理咨询服务的作用与意义

心理咨询服务在促进个体心理健康和全面发展方面发挥着重要的作用和意义：

1.个性化的心理支持与帮助

心理咨询服务通过提供个性化的心理支持和帮助，为个体解决各种心理问题提供了有效途径。在心理咨询过程中，心理咨询师会根据个体的具体情况和需求，制定相应的咨询方案和治疗策略，以最大程度地满足个体的心理健康需求。这种个性化的服务体现在对个体独特性的尊重和关注上，咨询师会倾听个体的内心感受和困扰，了解其生活环境、人际关系等因素，从而为其量身定制适合的心理支持方案。通过个性化的心理支持，个体能够感受到被理解和被关爱，从而增强自我认同感和自我价值感，更好地应对各种心理挑战。

2.促进心理成长与自我实现

心理咨询服务不仅帮助个体解决具体的心理问题，还促进个体的心理成长和自我实现。在心理咨询过程中，个体有机会深入探索自己的内心世界，审视自己的信念、价值观和行为模式，从而更清晰地认识自己的内在需求和情绪状态。通过与心理咨询师的互动和探讨，个体能够逐步建立起自我认知和自我理解，从而更好地应对生活中的各种挑战和困境。心理咨询服务还能够激发个体的潜能和积极性，帮助其树立积极的人生态度和价值观，实现个人目标和梦想。通过促进心理成长和自我实现，心理咨询服务不仅帮助个体解决当前的心理问题，还为其未来的发展和成长奠定了良好基础。

3.解决心理问题，重建心理结构

心理咨询服务通过专业的心理分析和治疗，帮助个体解决各种心理问题，重建健康的心理结构。无论是面对焦虑、抑郁、创伤后应激障碍还是其他心理障碍，个体都可以通过心理咨询找到有效的解决方案，恢复心理健康，重拾生活的信心和乐观。在心理咨询过程中，心理咨询师会运用各种心理技术和方法，如认知行为疗法、心理动力治疗等，帮助个体理解和应对其心理问题的根源，改变不良的心理模式和行为习惯，从而实现心理结构的重建和健康。通过解决心理问题，个体能够减少心理困扰，提升生活质量和幸福感，实现心理健康与全面发展。

二、高校心理咨询师的角色与职责

（一）心理咨询与辅导服务提供者

1.个体心理咨询服务

（1）咨询师与学生关系建立

个体心理咨询服务的核心在于建立咨询师与学生之间的信任关系。这种关系是基于咨询师的专业性和同理心，通过倾听、理解和尊重学生的内心感受而建立的。在建立关系的过程中，咨询师需要展现出真诚、温暖、尊重和保密等特质，使学生能够安心地表达自己的困扰和情感。

（2）问题探索与理解

在建立了良好的关系基础上，咨询师将与学生一起探索问题的根源和背后的因素。通过深入地倾听和询问，咨询师能够帮助学生更好地理解自己的心理问题，并认识到可能存在的误解或偏见。这种问题探索和理解的过程有助于学生认识到问题的复杂性和多样性，从而为解决问题提供更深入思考和认识。

（3）制定个性化的应对策略

针对学生的具体情况和需求，咨询师将制定个性化的应对策略。这些策略可能涉及情绪管理技巧、认知重建、行为调整等方面，旨在帮助学生有效地应对困扰和压力。通过与学生共同制订的目标和计划，咨询师能够引导学生逐步实现心理健康和成长的目标。

2.群体心理辅导服务

（1）心理成长小组的组织与管理

群体心理辅导服务的核心在于组织各类心理成长小组，为学生提供集体性的心理支持和指导。在这一过程中，心理咨询师需要对小组的组织和管理进行精心安排，包括确定小组成员、制定小组规则、安排活动内容等。通过有效组织和管理，心理成长小组能够成为学生分享和支持的重要平台。

（2）心理技能培训班的设计与实施

除了心理成长小组外，心理咨询师还可以开展各类心理技能培训班，为学生提供实用的心理技能和工具。这些培训班可能涉及情绪管理、压力应对、人际沟通等方面，旨在帮助学生提升自我认知和自我调节能力。通过设计生动、实用的培训内容，并结合案例分析和角色扮演等形式，培训班能够有效地促进学生的心理健康和成长。

（3）促进情感交流与社会支持

群体心理辅导服务的重要目标之一是促进学生之间的情感交流和社会支持。在心理成长小组和心理技能培训班中，学生能够借助群体的力量，分享彼此的困扰和经验，获得来自同伴和咨询师的支持和鼓励。这种情感交流和社会支持有助于减轻学生的孤独感和焦虑感，增强他们的心理韧性和应对能力。

3.在线心理咨询服务

（1）利用在线平台提供便捷服务

随着网络技术的发展，心理咨询师可以利用各种在线平台，如网站、应用程序等，为学生提供便捷的心理咨询服务。通过在线聊天、视频会议等形式，学生可以随时随地与咨询师进行沟通和交流，获得及时的心理支持和帮助。这种便捷的服务模式能够满足学生在紧急情况下或时间有限的情况下的需求，提高了心理咨询服务的覆盖率和可及性。

（2）保障学生隐私和匿名性

在线心理咨询服务能够有效地保障学生的隐私和匿名性。通过加密技术和隐私保护措施，学生可以放心地分享自己的内心感受和困扰，而不必担心信息泄露或被他人知晓。这种保障措施能够减少学生的心理抵触情绪，增加他们主动寻求帮助和支持的意愿。

（3）跨越时间和地域的限制

在线心理咨询服务的另一个优势在于能够跨越时间和地域的限制。学生无需前往特定的地点，也不受时间的限制，可以根据自己的时间安排选择合适的咨询时段。这种灵活性和便利性使得更多的学生能够获得心理支持和帮助，不受地理位置和时间的束缚。

(二)心理健康教育与宣传推广者

1. 心理健康讲座与工作坊

(1)讲座主题的选择与设计

心理健康讲座是通过专业知识和案例分享,向学生传递心理健康知识和技能的重要形式之一。讲座主题的选择应该充分考虑学生的需求和关注点,涵盖压力管理、情绪调节、人际关系、心理疾病预防等方面。在设计讲座内容时,应结合实际案例和最新研究成果,通过生动有趣的方式引导学生学习和思考。

(2)工作坊的组织与实施

心理健康工作坊是以互动和实践为特点的学习活动,旨在帮助学生通过体验和讨论,深入理解心理健康知识和技能。工作坊的组织应注重参与性和启发性。通过小组讨论、角色扮演、游戏等形式,促进学生的参与和学习效果。工作坊内容可以针对具体主题展开,如情绪管理工作坊、压力释放工作坊等,以满足学生不同方面的需求。

(3)活动效果评估与反馈

针对心理健康讲座和工作坊的举办,需要进行活动效果评估与反馈。可以通过问卷调查、小组讨论、学生反馈等方式,收集学生对活动内容、组织形式和效果的评价和建议。根据评估结果,及时调整和改进活动设计和实施方式,以提高活动的质量和影响力。

2. 心理健康宣传栏目与资料发布

(1)宣传栏目的设计与管理

心理健康宣传栏目是学校内部重要的宣传平台,应具有醒目的位置和吸引人的内容。在设计宣传栏目时,可以结合图片、文字、视频等多种形式,向学生传递积极的心理健康信息。宣传栏目内容应及时更新,包括心理健康常识、心理健康活动通知、学生心理问题解答等内容,以保持学生的关注和参与度。

(2)线上平台的建设与维护

除了校园宣传栏目外,线上平台也是重要的心理健康宣传渠道之一。心理咨询师可以利用学校官方网站、社交媒体平台等线上渠道,发布心理健康相关资料和信息。线上平台的建设应注重内容的质量和多样性,以吸引学生的关注和阅读。同时，需要及时回复学生的咨询和反馈，保持线上平台的活跃度和互动性。

（3）资料内容的策划与制作

心理健康宣传资料的内容策划和制作是关键环节之一。资料内容应围绕学生关心的心理健康问题，以简洁清晰的方式呈现，具有易读性和吸引力。可以采用图文并茂的形式，配合生动形象的插图和案例分析，使得内容更具说服力和可信度。同时，资料的制作要注重版面设计和排版，使得信息呈现清晰易懂，提高学生的阅读兴趣和理解度。

3.心理健康主题活动

（1）活动策划与组织

心理健康主题活动的策划和组织需要充分考虑学生的需求和兴趣。可以通过调查问卷、小组讨论等形式，了解学生对心理健康活动的期待和建议，从而确定活动主题和内容。活动策划应注重多样性和趣味性，结合学生喜闻乐见的元素，如文艺演出、游戏竞赛、心理健康展览等，吸引学生的参与和关注。

（2）宣传推广与参与引导

心理健康活动的宣传推广至关重要。除了线上宣传和校园海报外，还可以通过口头宣传、班级代表和社团组织的协助等方式，扩大活动的影响力和参与度。宣传内容应具有吸引力和感染力，鼓励学生积极参与和分享活动信息。同时，需要设置引导员和志愿者，为学生提供参与指导和支持，确保活动的顺利进行和效果达到。

（3）活动效果评估与持续改进

活动结束后，需要对活动效果进行评估与总结，并及时进行持续改进。可以通过学生反馈、参与人数统计、活动效果调查等方式，收集活动的数据和意见。根据评估结果，发现活动中存在的问题和不足之处，并及时调整和改进活动策划和执行方式，以提高下次活动的质量和效果。同时，还可以针对活动中取得的成功经验进行总结和分享，为未来的活动策划提供借鉴和参考。

（三）校园心理危机干预者与处理者

1.心理危机事件的识别与评估

（1）识别危机事件的迹象与标志

高校心理咨询师需要具备敏锐的观察力和专业知识，能够识别学生可能存在的心理危机迹象。这些迹象可能包括情绪波动剧烈、社交孤立、学业压力过大、突然改变的行为举止等。通过定期的观察和交流，心理咨询师能够及时发现这些迹象，并进行进一步的评估与干预。

（2）全面的心理评估与分析

一旦发现可能存在心理危机的学生，心理咨询师需要进行全面的心理评估与分析。这包括了解学生的个人背景、家庭环境、学习压力、人际关系等情况，以及对学生心理状况的深入了解。通过心理评估工具、面谈和观察等多种手段，心理咨询师能够为学生的后续干预与处理提供更准确的依据和指导。

2. 紧急心理援助与支持

（1）快速响应与危机干预

在发生心理危机事件时，高校心理咨询师需要迅速响应，并展开紧急心理援助与支持工作。他们会与学生建立联系，提供情绪安抚和支持性谈话，帮助学生缓解紧张和焦虑情绪。同时，他们还会与学校相关部门协作，制定紧急处理方案，为学生提供更全面的帮助和支持。

（2）有效的情绪管理与疏导

在紧急心理援助过程中，心理咨询师需要运用专业的情绪管理技巧和疏导方法，帮助学生有效应对危机事件带来的负面情绪。通过倾听、理解和鼓励，心理咨询师能够引导学生面对困难和挑战，寻找积极的应对方式，增强心理韧性和应对能力。

3. 心理危机事件的跟进与处理

（1）长期心理支持与辅导

除了紧急援助外，心理咨询师还需要进行心理危机事件的跟进与处理工作。他们会与学生建立长期的心理辅导关系，持续为其提供心理支持和指导。通过定期的咨询会议和跟进，心理咨询师能够帮助学生逐步调整心态，重建信心，恢复心理健康。

（2）学校心理危机事件的善后工作

心理咨询师需要协助学校相关部门开展心理危机事件的善后工作。这包括总结事件经验教训，完善危机事件处理流程，加强校园心理健康宣传和教育工作，预防类似事件的再次发生等。同时，心理咨询师还需要与学校其他相关部门进行密切合作，为学生提供更全面的心理健康服务和支持。

三、心理咨询过程与技术

心理咨询服务通常包括咨询前、咨询中和咨询后三个阶段。在咨询过程中，咨询师会运用各种技术和工具，如倾听、反馈、探索、引导等，与个体建立信任关系，探索问题根源，共同制定解决方案。这些技术和工具既包括了理性思维和情感表达的技巧，也包括了身体感知和创造性表达的方式。

（一）咨询前阶段

1.建立信任关系

在咨询前阶段，建立良好的信任关系对于整个咨询过程至关重要。咨询师需要通过积极倾听、体察个体的情感体验、展现真诚和尊重等方式，与个体建立起稳固的信任基础。这种信任关系不仅能够促进个体的开放表达，还能够提高咨询师的工作效果。

（1）积极倾听

积极倾听是心理咨询过程中至关重要的一环，它不仅是一种技术，更是一种态度和艺术。通过积极倾听，咨询师能够为个体提供一种安全、支持性的环境，使其感受到被尊重和被理解的情感体验，进而建立起稳固的信任关系。

在积极倾听中，咨询师不仅仅是在听取个体的言语内容，更重要的是要深入理解个体所传达的情感和非言语信息。言语只是沟通的一种方式，而情感、身体语言、声音的音调等非言语信息同样能够传递出丰富的内在体验和需求。因此，咨询师需要通过敏锐地观察和感知，捕捉并理解这些非言语信息，从而更全面地了解个体的内心世界。

积极倾听不仅仅是听取个体所说的话，更重要的是要理解其中所包含的情感和意义。每个人都有自己独特的言语风格和表达方式，而这些表达背后往往隐藏着深层的情感需求和心理状态。因此，咨询师需要通过倾听的过程，不断地挖掘个体的内心世界，深入理解其真实的感受和想法，从而为后续的工作提供有效的指导和支持。

除了理解个体所表达的内容外，积极倾听还包括对个体情感的体察和理解。情感是个体内心世界的真实反映，通过情感的表达，个体能够更直观地传递出自己的内心状态和体验。因此，咨询师需要通过倾听个体的情感表达，感知其中所蕴含的情感信息，进而为个体提供相应的情感支持和理解。

在积极倾听的过程中，咨询师需要表现出对个体的真诚关怀和重视。个体在面对心理困扰和问题时，往往处于一种脆弱和敏感的状态，需要得到他人的关注和支持。因此，咨询师的态度和表现至关重要，需要通过言行举止和身体语言，表达出对个体问题的真诚关注和重视，使个体感受到被理解和被接纳的情感支持。

（2）体察个体情感体验

咨询师需要以敏锐的观察力和细致的洞察力，关注个体在咨询过程中表现出的情绪变化、身体语言和言语表达等方面的细微变化。通过对这些情感反应的观察和体察，咨询师能够更深入地理解个体的内心体验，建立起与个体的情感共鸣和连接。

在体察个体的情感体验时，咨询师需要关注个体的情绪变化。情绪是个体内心状态的重要表现，通过观察个体的情绪变化，咨询师可以了解个体当前所处的情绪状态，从而更好地把握其内心体验。例如，个体可能表现出焦虑、沮丧、愤怒等不同的情绪，而这些情绪反应往往能够反映出个体所面临的问题和困惑。

咨询师需要关注个体的身体语言。身体语言是个体内心状态的重要表现之一。通过观察个体的姿态、肢体动作、面部表情等方面的变化，咨询师可以洞察个体的情感体验和心理状态。例如，个体可能会出现紧张的肢体姿态、频繁的手部动作、面部表情的变化等，这些都可能是个体内心体验的表现。此外，咨询师还需要关注个体的言语表达。言语是个体表达内心体验和情感状态的重要方式。通过关注个体的言语表达，咨询师可以更准确地了解个体的内心世界。例如，个体可能会表现出语速加快、词语重复、语气变化等现象，这些都可能反映出个体内心体验的紧张、焦虑或其他情绪状态。

通过对个体情感体验的细致体察，咨询师能够建立起与个体的情感共鸣和连接。这种共鸣和连接不仅能够增强个体对咨询师的信任感，还能够促进个体的自我认知和情感调节。因此，体察个体的情感体验不仅是咨询师的职责，更是一种重要的技能和态度，能够为个体提供更有效的心理支持和帮助。

（3）展现真诚和尊重

真诚和尊重不仅是一种行为方式，更是一种内在的态度和价值观，它们体现了咨询师对个体的尊重和关怀，使个体在咨询过程中感受到被尊重和被关心的情感体验。通过真诚和尊重的展现，咨询师能够增强个体的信任感，促进个体更加开放地与咨询师交流和合作,从而实现有效的咨询目标。

首先,真诚是咨询师展现出的一种真实和坦诚的态度。在咨询前阶段,咨询师需要以真诚的态度面对个体,不隐藏自己的情感和观点,与个体建立起真实的情感连接。真诚不仅包括对个体问题的真实关注和理解,更包括对个体的真诚支持和鼓励。咨询师通过真诚的言行举止,让个体感受到咨询师的真诚关怀和支持,从而建立起稳固的信任基础。其次,尊重是咨询师展现出的一种尊重个体的态度和价值观。在咨询前阶段,咨询师需要以尊重的态度对待个体,尊重个体的价值观、情感体验和自主选择权。尊重不仅包括对个体言行的尊重,更包括对个体内心世界的尊重和理解。咨询师需要尊重个体的独特性和多样性,不将自己的价值观强加于个体,而是尊重个体的选择和决定,给予个体足够的自主空间和决策权。

通过展现真诚和尊重的态度,咨询师能够有效地建立起与个体的信任关系,促进个体更加开放地与咨询师交流和合作。在咨询过程中,个体往往会面临着内心的矛盾和困惑,需要得到他人的理解和支持。而咨询师的真诚和尊重能够让个体感受到被理解和被接纳的情感体验,从而增强个体的信任感和安全感,促进个体更加主动地表达自己的内心体验和需求。

2.探索问题根源

在建立信任关系的基础上,咨询师需要与个体一起探索问题的根源和原因。这包括对个体过往经历、家庭背景、社会环境等方面的了解,以及对个体目前困扰和需求的深入探讨。通过对问题根源的探索,咨询师可以更准确地把握问题的实质,为制定解决方案提供依据。

(1)了解个体过往经历

第一,了解个体的成长环境对于理解个体的心理问题具有重要意义。个体的成长环境包括家庭环境、社会环境、文化背景等方面的因素,这些因素对个体的性格形成、情感发展、行为习惯等方面都有着深远的影响。例如,一个在温暖支持的家庭中成长的个体可能具有较强的自尊心和安全感,而一个在家庭冲突中成长的个体可能表现出较高的焦虑和压力。因此,了解个体的成长环境有助于咨询师更深入地理解个体的心理特点和行为模式,为后续的咨询工作提供更准确的分析和指导。

第二,了解个体的教育经历对于把握个体的认知方式和思维模式具有重要意义。个体的教育经历包括学习经历、教育方式、学习成就等方面的内容，这些经历对个体的思维方式、学习态度、问题解决能力等方面都有着深刻的影响。例如，一个在学业上取得较好成绩的个体可能具有较强的自信心和学习动力，而一个在学业上遇到挫折的个体可能表现出较低的自我评价和情绪波动。因此，了解个体的教育经历有助于咨询师更全面地把握个体的认知特点和学习风格，为后续的咨询工作提供更有效指导和支持。

第三，了解个体的职业发展对于理解个体的自我认知和人际关系具有重要意义。个体的职业发展包括职业选择、职业发展历程、工作环境等方面的内容，这些经历对个体的自我认知、职业满意度、人际交往等方面都有着重要影响。例如，一个在职场上遇到挑战但能够积极面对的个体可能具有较强的适应能力和抗压能力，而一个在职场上遇到困境而无法应对的个体可能表现出较高的焦虑和抑郁。因此，了解个体的职业发展有助于咨询师更好地指导个体进行职业规划和人际沟通，提升个体的职业生涯质量和生活满意度。

（2）分析家庭背景和社会环境

首先，家庭背景对个体心理健康的影响是至关重要的。家庭是个体成长的第一环境，家庭关系的稳定与和谐对个体的心理健康具有重要意义。例如，一个温馨和睦的家庭环境可能会促进个体的情感发展和自尊心的培养，而一个家庭关系紧张或不和谐的环境则可能会给个体带来心理压力和情绪困扰。因此，咨询师需要了解个体的家庭背景，包括家庭成员之间的关系、家庭氛围、家庭传统等方面的情况，以帮助个体理解并应对家庭因素对其心理健康的影响。其次，社会环境对个体心理健康的影响也不可忽视。社会环境包括个体所处的社会文化背景、社会支持系统、人际关系等方面的因素。例如，一个具有良好社会支持系统的个体可能会更好地应对生活中的压力和挑战，而一个缺乏社会支持的个体可能会感到孤独和无助。此外，社会文化背景也会对个体的心理健康产生深远影响，不同文化背景下的个体可能对同一问题有不同的认知和应对方式。因此，咨询师需要综合考虑个体所处的社会环境，帮助个体理解并应对社会因素对其心理健康的影响。

（3）深入探讨当前困扰和需求

通过与个体的交流和探讨，咨询师可以深入了解个体所面临的问题、感受到的困惑以及期待的改变，从而为制定个性化的解决方案提供依据。这一过程不仅能够帮助个体更好地理解和认识自己的内心世界，还能够促进个体的自我成长和发展，为实现心理健康提供有效支持和指导。

首先，咨询师与个体一起探讨当前的困扰和问题。在这一过程中，咨询师需要倾听个体的倾诉，了解个体所面临的具体困扰和挑战。个体可能会向咨询师描述自己的情绪困扰、人际关系问题、工作学习压力等方面的困扰，咨询师需要通过细致倾听和理解，帮助个体更清晰地表达自己的内心感受和需求。其次，咨询师与个体一起探讨个体感受到的困惑和疑问。在这一过程中，咨询师需要引导个体深入思考和探索自己的内心世界，了解个体对当前问题的认知和理解。个体可能会对自己的情绪反应、行为模式、人际关系等方面产生困惑和疑问，咨询师需要通过与个体的对话和交流，帮助其澄清疑惑，找到问题的根源，并为解决问题提供方向和支持。最后，咨询师与个体一起探讨个体期待的改变和目标。在这一过程中，咨询师需要帮助个体明确自己的期待和目标，设定具体可行的行动计划，并为其提供相应的心理支持和指导。个体可能会希望改变自己的思维方式、调整自己的行为习惯、改善人际关系等，咨询师需要根据个体的具体情况，制定个性化的解决方案，并与个体共同探讨和制订实施计划，以实现个体的期待和目标。

（二）咨询中阶段

1. 制定解决方案

在建立了信任关系并探索了问题根源之后，咨询师需要与个体共同制定解决问题的方案。这需要咨询师运用各种技术和工具，帮助个体理清问题的本质，探索可行的解决途径，并制订具体的行动计划。

（1）理清问题本质

在咨询过程中，理清问题的本质是确保有效解决个体所面临挑战的关键一步。咨询师通过与个体的深入交流和探索，帮助个体认识问题的真正本质，探索问题的深层次原因，并加深对问题影响的理解。首先，咨询师需要倾听个体的倾诉，了解其所面临的困扰和挑战。通过细致地倾听和理解，咨询师可以洞察到问题的表面现象，并引导个体深入探索问题的根源。其次，咨询师通过提问和反馈，帮助个体深入分析问题，探索问题背后的动机和原因。这可能涉及个体的情绪状态、思维模式、行为习惯等方面，咨询师需要与个体一起深入思考，探索问题的深层次含义。最后，咨询师需要帮助个体认识到问题的影响和后果。

通过与个体的对话和交流，咨询师可以帮助个体意识到问题对其生活、工作、人际关系等方面的影响，从而增强个体解决问题的动力和决心。

（2）探索解决途径

在理清问题的本质之后，咨询师与个体共同探索解决问题的途径和方法。这需要咨询师根据个体的具体情况和需求，提供个性化的解决方案，包括改变思维模式、调整行为习惯、解决人际关系问题等方面。首先，咨询师可以帮助个体改变其思维模式。通过认知重构和思维方式的调整，个体可以更积极地应对问题，增强问题解决的能力。其次，咨询师可以帮助个体调整其行为习惯。通过建立健康的行为模式和生活习惯，个体可以有效地应对问题，改善自身状态。最后，咨询师可以帮助个体解决人际关系问题。通过沟通技巧和人际交往的指导，个体可以改善与他人的关系，减少冲突和矛盾，增强社会支持和适应能力。

（3）制订行动计划

制订行动计划是确保解决方案有效实施的重要步骤。咨询师与个体共同制订具体的行动计划，明确解决问题的步骤和时间安排，以确保问题得到有效解决。首先，咨询师与个体共同设定明确的目标。目标应该具体可行，能够量化和评估，以便个体能够清晰地了解自己的目标和期望。其次，咨询师与个体共同制定具体的行动方案。行动方案应该包括具体的行动步骤、时间安排和资源调配，以确保问题能够得到有效解决。最后，咨询师需要与个体一起制定评估标准和反馈机制。通过定期评估和反馈，咨询师可以监督和调整行动计划的执行，确保问题得到有效解决，并及时调整方案以应对新的挑战和困难。

2.提供支持和指导

在咨询阶段，咨询师不仅要为个体提供理性的支持和指导，还需要关注个体的情感需求，提供情感支持和安全感。同时，咨询师需要引导个体发现和利用自身的资源和潜能，增强其解决问题的能力和信心。

（1）提供理性支持和指导

在咨询过程中，提供理性支持和指导是帮助个体解决问题的重要方式之一。咨询师运用各种理性思维和行为改变技巧，为个体提供专业的意见和建议，帮助个体理清思路，制定合理的解决方案。首先，咨询师通过深入分析和评估个体的问题，帮助其理清问题的本质和核心。通过对问题进行分析，咨询师可以帮助个体更全面地认识和理解问题，从而为制定解决方案提供依据。其次，咨询师提供专业的意见和建议，指导个体制定合理的解决方案。咨询师根据个体的具体情况和需求，运用各种理性思维和行为改变技巧，为个体提供实用的解决方案，帮助其有效应对问题。最后，咨询师与个体共同制订可行的行动计划，明确解决问题的步骤和时间安排。咨询师通过与个体的合作，帮助其落实行动计划，监督和调整执行过程，确保问题得到有效解决。

（2）提供情感支持和安全感

除了理性支持和指导外，咨询师还需要关注个体的情感需求，提供情感支持和安全感。这包括倾听个体的情感表达，表达对个体的理解和支持，营造安全、温暖的咨询氛围，让个体感受到被理解和被关心的情感体验。首先，咨询师通过倾听个体的情感表达，帮助其释放情绪，减轻心理压力。咨询师表达对个体的理解和支持，鼓励其敞开心扉，分享内心的感受和困扰。其次，咨询师为个体营造安全、温暖的咨询氛围，让个体感受到被接纳和被尊重的情感体验。咨询师关注个体的情感需求，灵活运用情感支持技巧，帮助个体建立积极的情感体验，增强其心理安全感。最后，咨询师与个体建立良好的信任关系，为个体提供持续的情感支持和安全感。咨询师与个体保持良好的沟通和合作，共同面对问题，共同寻找解决方案，共同实现个体的心理健康目标。

（3）引导个体发现和利用资源

在提供支持和指导的过程中，咨询师需要引导个体发现和利用自身的资源和潜能，增强其解决问题的能力和信心。这包括对个体优点和特长的发现和肯定，鼓励个体尝试新的行为和思维方式，帮助个体建立积极的自我形象和认知模式。首先，咨询师通过与个体的深入交流和探讨，帮助其发现自身的优点和特长。咨询师肯定个体的优点和过去的成功经验，增强其自信心和自我认知，为解决问题提供积极的能量和动力。其次，咨询师鼓励个体尝试新的行为和思维方式，拓宽其解决问题的视野和方法。咨询师提供具体的行为建议和思维技巧，帮助个体突破困境，开启新的可能性，实现个体的成长和发展。最后，咨询师与个体共同制订实践计划，明确目标和行动步骤，监督和评估执行过程。咨询师通过与个体的合作和支持，帮助其有效利用资源和潜能，实现问题的有效解决，实现个体的自我发展和成长。

（三）咨询后阶段

1. 持续跟进和评估

在咨询后阶段，咨询师需要持续跟进个体的情况，评估解决方案的有效性和个体的心理健康状况。这包括与个体定期沟通，了解问题的进展和变化，及时调整解决方案，确保问题得到持续解决。

（1）持续跟进个体情况

在咨询阶段，持续跟进个体情况是确保解决方案持续有效的重要步骤。咨询师需要与个体保持定期的联系，了解问题的变化和个体的心理状态，以便及时调整解决方案，确保问题得到持续解决。首先，定期跟进个体情况是保证咨询服务连续性的关键。咨询师可以通过电话、邮件、面谈等多种方式与个体进行沟通，了解其近期的情绪波动、行为变化等情况，以便及时发现并解决问题。其次，咨询师通过与个体的定期沟通，建立起良好的信任关系和合作关系。个体在咨询过程中可能会遇到新的困难和挑战，定期跟进可以让个体感受到咨询师的关心和支持，增强其解决问题的信心和决心。最后，定期跟进还可以帮助咨询师了解个体的心理健康状况，及时发现和介入潜在的心理问题。通过与个体的深入交流和探讨，咨询师可以帮助个体解决当前的问题，并预防未来可能出现的心理困扰。

（2）评估解决方案的有效性

评估解决方案的有效性是确保咨询服务质量的重要环节。咨询师需要定期评估解决方案的实施情况和效果，检查其适用性和有效性，及时调整和改进方案，以确保问题得到持续解决。首先，咨询师通过个体的反馈和问题的变化，评估解决方案的实施情况。个体可能会向咨询师反映解决方案的效果，表达对方案的满意度或不满意度，咨询师需要认真倾听个体的反馈，及时调整和改进方案。其次，咨询师通过观察个体的行为和情绪变化，评估解决方案的效果。咨询师可以通过观察个体的行为举止、情绪表达等方面，了解解决方案对个体的影响，评估其适用性和有效性，及时调整方案以提升效果。最后，咨询师与个体共同合作，共同评估解决方案的有效性。咨询师可以与个体一起分析问题的变化和解决方案的效果，共同探讨问题的可能原因和解决方案的优缺点，以便更好地调整和改进方案。

2.收尾和总结

在咨询过程结束时，咨询师需要与个体进行收尾和总结，对整个咨询过程进行回顾和总结，为个体未来的发展提供指导和支持。

（1）回顾和总结咨询过程

在咨询过程结束时，进行回顾和总结是帮助个体更好地理解问题本质和解决路径的重要环节。咨询师与个体一起回顾整个咨询过程，包括问题的起因、探索的过程、制定的解决方案和实施的效果等方面。首先，咨询师与个体一起回顾问题的起因和背景。通过重新审视问题的根源和发展过程，个体可以更清晰地认识到问题的本质和复杂性，为今后的解决提供更深入的理解。其次，咨询师与个体共同总结探索的过程和所获得的收获。通过回顾咨询过程中的对话和交流，个体可以更深入地理解自己的内心世界，认识到问题的多维度和影响因素，为解决问题提供更全面的视角。最后，咨询师与个体一起评估制定的解决方案和实施的效果。通过回顾解决方案的制定和实施过程，个体可以了解到解决方案的可行性和有效性，为未来的改进提供参考和借鉴。

（2）提供未来发展的建议

在咨询过程结束时，咨询师根据个体的情况和需求，提供未来发展的建议和指导，为个体的未来发展指明方向和路径。首先，咨询师可以根据个体的情况和目标，提供情感、行为和人际关系等方面的发展建议。这包括个体在情感管理、行为调整、人际交往等方面需要注意和努力的方向，为个体的个人成长和发展提供指导和支持。其次，咨询师可以帮助个体建立明确的发展目标和计划，制定可行的行动步骤和时间安排。通过与个体的讨论和协商，确定个体未来发展的重点和方向，为个体的发展提供清晰的路线图和计划。最后，咨询师还可以鼓励个体保持积极乐观的心态，勇敢面对未来的挑战和机遇。通过激励和鼓励，咨询师可以帮助个体树立信心，克服困难，实现自我成长和价值的不断提升。

四、基于虚拟现实（VR）技术的心理干预

（一）虚拟现实技术的特征与优势

虚拟现实技术是一种综合了计算机图形学、人机接口技术、传感器技术以及人工智能技术等多领域成果的新技术，目标是提高人机交互功能，达到真实的视觉、触觉、听觉和嗅觉体验效果，被认为是21世纪重要的发展学科以及影

响人们生活的重要技术之一。虚拟现实技术具有沉浸感、互动性和想象力三大特色，在应用过程中，主要具备以下几点特征与优势：

1. 身临其境的真实感，化间接经验为直接经验

虚拟现实技术不仅仅限于视觉和听觉的刺激，它还充分调动了触觉、力觉、动觉，甚至嗅觉和味觉，从而使得感觉系统得到全方位的激活，让使用者仿佛置身于真实情境之中，体验到一种身临其境的感觉。在虚拟现实的环境中，学习者可以与周围环境进行最自然的互动，通过传感器感知身体动作。例如，抓握虚拟物体时，能够感受到真实的质地和形状，同时模拟的力度和重力也能给予使用者真实的触感和运动感。此外，虚拟现实环境是经过设计人员精心制作的，融合了丰富的教育内容和理念，因此，传统的间接知识，现在通过虚拟现实技术的应用，转化成了真实的情境，这让学习者能够更自主地探索和发现，从而将所学知识变成自己的亲身经历，有助于更轻松地将知识运用到实际生活中去。

2. 发挥想象力和创造力，进行个性化学习

虚拟现实世界充满未知，激发当事人去探索和发现，受教育者可以根据自己的感知觉、联想、推理等思维过程与虚拟现实世界进行互动，充分发挥自己的想象力和创造力，结合自身特点，进行个性化学习，以激发学习兴趣，并极大地提升学习效率。

3. 虚实结合保安全，尝试错误反复练

虚拟现实世界与真实世界极为相似，但在这个虚拟环境中，类似于置身于一个封闭的安全沙盒中，受教育者进行的操作不会对其自身或现实世界产生真正的影响。此外，虚拟现实环境具有重置功能，具备较高的可控性和可塑性。虚拟现实环境的安全性和可控性确保了学习者可以进行多次尝试，通过不断试验和错误，找到适合自己的、正确的解决方法。

（二）虚拟现实技术在高校心理健康工作中的应用

虚拟现实化心理咨询与治疗是以心理咨询或治疗的某个流派作为理论指导，以虚拟现实技术为工具，对某种特定心理问题或障碍的来访者或病人进行工作。从 20 世纪 90 年代开始，虚拟现实技术便开始应用于心理咨询与治疗中，随着研究和实践的不断深入，已取得了一些成果。

1.虚拟现实化心理健康工作的指导理论

虚拟现实技术是开展心理健康工作的新工具，对它的合理有效使用需要心理咨询与治疗理论的支撑和引导。目前，已经有多种心理咨询与治疗理论应用于虚拟现实化心理健康工作的开展中。

（1）暴露疗法

暴露疗法，又称为满灌疗法，是最早与虚拟现实技术相结合的治疗方法之一。该方法将患者置身于能够触发其恐慌或焦虑的情境中，通过呈现大量的高强度刺激，使患者意识到自己所担忧的事情并没有想象中那么可怕，并逐渐适应这种刺激。暴露疗法通常适用于恐怖症、焦虑症等患者，其主要挑战在于如何让患者进入到刺激情境中，特别是对于那些想象力不丰富、难以感同身受的患者而言。在这种情况下，虚拟现实技术的运用弥补了这一不足。通过构建逼真的刺激情境，使患者仿佛真的置身其中，产生与真实情境相似的想法和感受，从而更好地进行治疗工作，发挥暴露疗法的疗效。

（2）系统脱敏法

系统脱敏法常用于恐怖症和焦虑症的咨询或治疗，但它不同于暴露疗法，它不是一下子就让来访者置身于强烈的刺激情境中，而是把刺激情境划分成不同的强烈程度，然后从最弱的刺激情境开始，当来访者在此情境中感觉到紧张不安时，咨询师会让来访者进行放松练习，通过交互抑制作用来减缓焦虑或恐惧的情绪体验。当来访者适应了此种刺激强度后，则进入到更大强度的刺激情境中，直到最终适应最强烈的刺激情境。想象法依然是最常用于帮助来访者进入刺激情境的手段，但想象力因人而异，有的来访者难以顺利进入刺激情境中。虚拟现实技术弥补了这一缺陷，通过构建不同等级的刺激情境，可以让来访者仿佛真的进入了该情境中一样，产生如同在真实情景中的想法和感受，提高该疗法的效果。

（3）经验认知法

虚拟现实技术与认知行为疗法的结合，诞生了一种全新的咨询与治疗方法，被称为经验认知法。这一方法最初是用于治疗进食障碍和肥胖症，旨在帮助来访者改变其对自身体像的认知。通过利用虚拟现实技术展示来访者的体像，并结合认知行为疗法的指导，帮助来访者形成客观准确的自我体像认知，同时提高其对自身身体的满意度，从而减少暴饮暴食或厌食等不良行为的发生。此外，虚拟现实技术还可以与短期焦点疗法、精神分析法等相结合。未来，虚拟现实技术还可以与心理剧、角色扮演、空椅子技术、模仿学习等理论和方法相结合，以达到更好的干预效果。

2.虚拟现实化心理健康工作的应用范围

（1）焦虑类心理障碍

最初，虚拟现实技术被用于治疗焦虑类心理障碍，包括恐高症、惧飞症、幽闭恐怖、广场恐怖、社交恐怖、驾驶恐怖和动物恐怖等。针对不同类型的焦虑，设计了相应的虚拟治疗环境。例如，针对恐高症，设计了模拟"上升的电梯、站在阳台往下看、站在屋顶"等高空情境；而对于社交恐怖，则构建了虚拟的社交场景，并结合相应的咨询或治疗方法进行干预。这种方法也适用于高校中常见的演讲焦虑、放松练习等情境。

（2）进食障碍

进食障碍包括神经性厌食、神经性贪食、肥胖症等。通过虚拟现实技术呈现当事人的体像，让当事人对自己形成合理的体像概念，从而让神经性厌食症患者提高对自身体像的满意感，让神经性贪食症和肥胖症患者认识到自己的体像问题，产生改变的动机，以形成合理的饮食习惯。

（3）精神分裂症

精神分裂症的典型症状就是会产生幻觉，患者无法区分幻觉与现实世界。通过虚拟现实技术向患者呈现他们的幻觉，从而让他们意识到幻觉的产生是病态的，应该寻求专业的帮助；而对于那些无法彻底医治的患者，则习惯幻觉的存在，从而能正常生活。但这种方法还处于试验阶段。

（4）自闭症

自闭症的特征之一是缺乏对他人情绪和心理状态的感知和理解能力。这种缺陷常常导致自闭症患者在社交互动中遇到困难，难以适应日常生活中的情境和人际关系。然而，随着科技的进步，虚拟现实技术为帮助自闭症患者克服这一困境提供了新的可能性。

通过构建合作性的虚拟环境，自闭症患者可以接受面部表情识别训练，从而增强他们对他人情感的感知能力。这些虚拟环境可以模拟真实的社交情境，让患者在安全的虚拟空间中与虚拟人物进行互动。在这个虚拟环境中，患者可以学习观察、识别和理解各种面部表情，并学会将这些表情与相应的情感状态联系起来。通过反复练习，患者可以逐渐提高他们的面部表情识别能力，从而更好地理解他人的情感和意图。

虚拟现实技术还可以为自闭症患者提供个性化的训练方案。根据患者的具体情况和需求，虚拟环境可以进行调整和定制，以最大限度地满足患者的训练需求。同时，虚拟环境的互动性和反馈机制也可以帮助患者更好地理解和应用所学的技能。

除了面部表情识别训练外，虚拟现实技术还可以在其他方面帮助自闭症患者提高他们的"心理化"水平。比如，通过模拟日常生活情境，患者可以学习如何与他人进行有效交流和合作，提高他们的社交技能和自我管理能力。此外，虚拟环境还可以帮助患者学习如何处理情绪和应对压力，从而提高他们的情绪调节能力和心理适应能力。

（5）脑损伤的认知

评估和康复脑损伤较容易引发记忆障碍，对于记忆障碍的评估和康复都较为困难。但通过虚拟现实技术构建虚拟环境，既可以用来评估患者的记忆缺失水平，也可以用于其记忆的康复训练，且效果较好，而成本较低。

（6）智力发展迟缓者

智力发展迟缓者的认知能力、生活技能、社会交往能力都弱于常人。研究表明，通过虚拟现实技术构建相应的学习环境，有利于智力发展迟缓者的学习，并可将其迁移到实际生活中。

（7）心理咨询技能培训

心理咨询技能的培训注重实践应用能力，但传统的培训大多是通过知识讲解、观看录像、模拟扮演等开展，与真实的咨询情境有较大差异。虚拟现实技术利用实际咨询情境中来访者的行为模式构建一个虚拟来访者，可以对受训者做出最符合现实情境的反应，帮助其提高心理咨询技能。

3.虚拟现实化心理健康工作在高校的实现路径

虚拟现实技术已经在心理咨询与治疗领域进行了较多研究和应用，展现了它在心理健康工作中的优势。高校心理健康工作也将把握这一趋势，借助虚拟现实技术，提高高校心理健康工作的专业性和先进性。

（1）将抽象理论具体化，化"知"为"情与行"

在传统的心理教育或咨询中，常常出现"明明知道道理，却依然无法在生活中做到"的现象。许多学生反映，他们固然理解了许多理论知识，但难以付诸实践，或是情感上难以接受。这种认知与行为、情感之间的脱节是很常见的。然而，在虚拟现实的环境中，来访者可以在行动中思考，在实践中验证自己的思维是否合理。通过直接将认知思考的成果转化为调整后的行为，这个过程将伴随着情感的体验和改变。这种变化是"知情意行"三者同步进行的，可以无缝对接到实际生活中。

（2）把教育融入生活，化"被动接受"为"主动探索"

在过去，教育常常被局限在课堂之中，学生只能被动地接受知识，而教育的目的是要将理念融入生活、改变生活。然而，在虚拟现实的领域中，学生有机会主动进行探索，去发现隐藏在虚拟世界中的道理，直接获得真实的体验和认识。

（3）将心理过程虚拟化，化"描述"为"互动"

在心理咨询中，常被称为谈话疗法，这个过程主要是咨询师和来访者之间的言语交流。这种交流需要经过对语言和心理意象的编码和转译，可能会导致描述的失真。然而，通过虚拟现实技术，可以将心理过程虚拟化，直接呈现心理意象，并允许来访者与之进行互动。他们可以感受到改变后的感觉，检验改变所带来的效果，并学习正确的改变途径。随着虚拟现实技术在心理咨询与治疗领域的研究和应用越来越多，将会发现该技术的优势越来越突出，使得高校心理健康工作更受学生欢迎，并取得更加直接有效的效果。

（三）利用虚拟现实技术的个性化心理干预

1.虚拟现实技术的心理干预概述

虚拟现实（VR）技术的心理干预是一种创新性的干预方法，它利用虚拟环境模拟真实场景与情境，为个体提供个性化、沉浸式的心理治疗与干预服务。这一技术的应用为心理健康领域注入了新的活力，为心理咨询师提供了更丰富、更有效的工具和手段。

在这种心理干预中，个体可以通过虚拟现实环境体验各种真实生活情境，如社交场景、高空环境、恐惧场景等，从而更深入地了解自己的心理问题。相较于传统的心理干预方式，虚拟现实技术能够更直观、更真实地呈现心理刺激，使个体能够更好地应对现实中的心理挑战。

2.个性化干预方案的制定与实施

虚拟现实技术的心理干预具有个性化的特点，可以根据个体的具体情况进行定制化治疗方案。在干预过程中，心理咨询师可以根据个体的心理特征、需求和目标，设计并实施针对性的虚拟现实治疗方案。

这种个性化干预方案不仅能够提高干预效果，还能增加个体的满意度和治疗依从性。通过对个体的情绪、认知和行为进行全面评估，心理咨询师可以针对性地选择适当的虚拟环境和干预内容，帮助个体更好地应对心理问题，实现心理健康的提升。

3.安全控制的治疗环境与心理干预效果

虚拟现实技术的心理干预还具有安全控制的优势，个体在虚拟环境中可以更自由地表达自己的情感与需求，减少心理干预的抵触情绪与阻碍因素。通过虚拟现实环境，个体可以在一个相对安全、无压力的空间中进行心理体验和探索，有助于他们更好地面对和处理心理问题。

研究表明，利用虚拟现实技术进行心理干预可以取得良好的效果，个体在虚拟环境中的情感体验和认知改变往往能够顺利转化到现实生活中，从而达到心理治疗的预期效果。因此，虚拟现实技术的心理干预在未来的心理健康工作中将发挥越来越重要的作用，为个体的心理健康与发展提供更有效支持和帮助。

第三节 相关理论框架

一、心理健康促进理论

（一）心理健康促进理论的理论框架

心理健康促进理论是一种涵盖多个学科领域的理论体系，其核心在于探索如何有效地促进个体的心理健康。其中，心理社会健康模式是其中一个主要的理论框架。该模式强调了社会环境、个人行为、生活方式等多种因素对心理健康的影响，提出了改善社会支持系统、引导个体良好的行为习惯以及增强应对压力的能力等策略。此外，自我决定理论也是心理健康促进的重要理论之一，该理论认为满足个体的自我实现和成长需求对心理健康至关重要。

（二）理论在实践中的应用

心理健康促进理论为大学生心理健康教育提供了重要的指导。通过开展社会支持网络建设活动，可以提高大学生在社会环境中的融入感和归属感，从而增强其心理健康水平。同时，提供心理健康教育课程和组织心理健康宣传活动，可以帮助大学生树立正确的心理健康观念，增强他们应对生活压力和挑战的能力。

（三）深入挖掘理论的意义与未来发展

心理健康促进理论的意义不仅在于提供了理论框架和指导原则，更重要的是为实践工作提供了科学依据。未来，可以进一步深入挖掘心理健康促进理论，探索更多针对大学生心理健康的有效干预策略，以满足不断变化的心理健康需求。此外，还可以结合新兴的科技手段，如互联网和移动应用等，开展线上心理健康促进工作，提供更便捷、个性化的心理健康服务。

二、社会学习理论

（一）社会学习理论的基本原理

社会学习理论强调环境和社会因素对个体行为和心理状态的重要影响。该理论认为，个体通过观察、模仿他人的行为以及接受他人的评价和反馈来学习和塑造自己的行为方式和心理特征。在心理健康教育和心理咨询服务中，社会学习理论提供了一种解释个体心理健康问题形成和发展的重要视角。

（二）社会学习理论在实践中的应用

在大学生心理健康教育和心理咨询服务中，社会学习理论的应用非常重要。例如，大学生在面对学业压力、人际关系问题等方面时，往往会受到来自同龄人、家庭成员、老师等社会环境的影响。通过社会学习理论的指导，可以采取一系列措施来促进大学生的心理健康发展。比如，建立积极的社会支持网络，提供正面的榜样和角色模型，激发大学生的积极心态和适应能力，从而更好地应对各种挑战和压力。

（三）深入挖掘理论的意义与未来发展

社会学习理论的应用不仅可以帮助大学生解决心理健康问题，还可以促进他们的全面发展和成长。未来，可以进一步深入挖掘社会学习理论在心理健康领域的应用，探索更加有效的干预策略和方法。此外，还可以结合其他心理学理论，如认知行为理论和人本主义理论，形成更为完整和多元化的心理健康促进模式，以满足不同大学生群体的需求。

三、认知行为理论

（一）认知行为理论的基本原理

认知行为理论是一种重要的心理学理论，强调个体的认知过程和行为之间的密切关系。根据该理论，个体对于事件的认知方式和解释会直接影响其情绪和行为反应。认知行为理论认为，人们通过自己的思维方式来解释周围的世界，而这种思维方式可能会受到个体过去的经验、社会文化背景和环境因素的影响。因此，负面的认知模式和思维方式可能会导致焦虑、抑郁等心理问题的出现，而积极的认知方式则有助于提升个体的心理健康水平。

（二）认知行为理论在心理健康教育与心理咨询中的应用

在心理健康教育和心理咨询服务中，认知行为理论提供了一种重要的干预方式。通过认知行为疗法等技术，心理健康专业人士可以帮助大学生识别和改变负面的认知模式和思维方式。这种干预方法通过引导个体重新审视和重构他们对事件的认知，使其更加客观、积极地面对挑战和压力，从而减轻焦虑、抑郁等心理问题，提升其心理健康水平。

（三）认知行为理论的实践策略与未来展望

认知行为理论不仅强调了个体内部认知与情绪行为的关系，还强调了个体行为和外部环境之间的相互作用。因此，在实践中，除了通过认知重构来促进大学生的心理健康外，还可以通过改变环境因素来提升心理健康水平。例如，提供良好的学习和生活环境、加强心理健康教育和宣传、建立健康的社会支持网络等措施都可以有助于大学生的心理健康发展。未来，可以进一步深入研究认知行为理论在心理健康领域的应用，结合其他心理学理论，探索更加有效的干预策略和方法，为大学生的心理健康提供更为全面和个性化的服务。

第三章　大学生心理健康状况分析

第一节　大学生心理健康问题的类型

一、大学生常见的心理问题类型

（一）职业选择方面的问题

当前，职业选择问题已经成为困扰大学生的主要问题之一，在我国大学生中间较为普遍地存在着，这一问题在高年级学生之中显得尤为突出。究其原因，还在于高年级学生比低年级学生更快面临毕业以后的就业选择，在当前这个竞争激烈的社会，如何正确地选择一份适合自己的工作存在一定的难度。具体来说，大学生产生职业选择方面问题的原因主要应从以下两个方面考虑。

1.高校扩招与招生就业体制改革的影响

近年来，中国高校扩招呈现出日益明显的趋势，这一现象在一定程度上增加了大学生就业的挑战。随着高等教育资源的扩大，传统的就业路径已经不再那么明确，而招生就业体制的改革也正在逐步深入。这种变革对大学生职业选择产生了直接的影响。

首先，高校扩招导致了就业市场的供需关系的变化。随着更多的学生进入就业市场，竞争变得更加激烈。传统的优质职位可能会变得更加稀缺，而且有些行业可能会面临就业岗位减少的情况，这对大学生的职业选择带来了一定的挑战。大学生需要面对更广泛的选择，但同时也需要更多的竞争优势来脱颖而出。

其次，招生就业体制改革也对大学生职业选择产生了影响。过去，一些行业或企业可能倾向于招收来自特定高校或专业的学生，而现在，随着招聘体制的改革，更加注重的是应聘者的实际能力和潜力。这意味着大学生需要更多地关注自身的能力和素质，而不仅仅是学校或专业的声誉。这对大学生来说是一个挑战，因为他们需要更加全面地准备自己，以适应新的就业环境。

因此，高校扩招和招生就业体制改革的双重影响使得大学生在职业选择上面临更多的不确定性和挑战。他们需要更加深入地了解就业市场的变化趋势，同时也需要加强自身的能力和素质，以应对未来的就业挑战。

2.经济社会发展与职业评估标准的变化

随着经济社会的不断发展，大学生的职业评估标准也发生了较大的变化。在过去，人们可能更注重工作的收入和稳定性，但现在，随着社会的进步，人们对工作的要求变得更加多元化和综合化。

首先，除了薪资和稳定性外，大学生现在更注重工作的发展前景和个人成长空间。他们希望能够在工作中不断学习和成长，获取更多的专业技能和经验，以实现自己的职业发展目标。因此，他们对工作的评价标准不仅仅是眼前的利益，更注重长远的发展潜力。

其次，社会声誉和社会责任感也成为大学生职业选择的重要考量因素。随着社会的发展，人们对企业的社会形象和社会责任感越来越关注，大学生希望能够选择那些具有良好社会声誉和积极社会影响的企业或行业。他们希望通过自己的工作能够为社会作出贡献，实现自己的人生意义和社会价值。

因此，经济社会发展和职业评估标准的变化使得大学生在职业选择上更加注重长远的发展和社会责任感。他们不再局限于眼前的利益，而是更加关注工作的意义和价值。这对大学生来说是一个挑战，因为他们需要更加全面地考虑自己的职业发展和个人成长，以实现自己的职业目标和人生理想。

（二）社会交往方面的问题

进入大学之后，大学生有了更为成熟的思维与更加广泛的社会交往范围，社会交往在大学生的生活中占据着重要位置，是其大学生活的重要组成部分，但必须意识到的是，当前我国大学生在社会交往方面存在一些问题，而这些问题在大二和大三学生中表现得尤为明显。大学生的不同心理交往类型影响着各自的社会交往行为。具体来说，大学生的社会交往可分为两个类型：

1.主动型

对于主动型的大学生来说，他们热爱社会交往，但又担心过多的社会交往会影响到自己正常的学习和课余生活，产生一些矛盾心理。

（1）社交与学业的平衡问题

对于主动型的大学生来说，他们倾向于热爱社会交往，与人沟通交流能够给予他们情感上的满足和认同感。然而，与此同时，他们也深知学业的重要性，希望能够在学习上取得好成绩，以实现自己的人生目标。因此，他们常常陷入社交与学业之间的矛盾之中。

首先，过多的社会交往可能会影响到大学生的学习效率。社交活动往往需要花费大量的时间和精力，特别是参加各种社团组织、社会实践等活动，可能会占据大量的课余时间。这就导致了他们在学习上的投入不足，影响到了自己的学业表现。

其次，社会交往带来的心理压力也会影响到大学生的学习状态。在与人交往的过程中，他们可能会面临各种挑战和困难，如人际关系的矛盾、社交压力等。这些问题会影响到他们的情绪和心理健康，进而影响到他们的学习状态和学习效果。

因此，社交与学业的平衡问题对于主动型的大学生来说是一个重要的挑战。他们需要找到一种合适的方式来平衡社交活动和学习任务，既满足自己的社交需求，又不影响自己的学业表现和学习状态。

（2）自我管理与时间分配的困扰

主动型的大学生常常面临自我管理和时间分配的困扰。他们热爱社交活动，但又意识到学习任务的重要性，因此需要在社交和学业之间进行有效的时间分配和资源管理。

首先，他们可能会面临时间不足的问题。社交活动往往需要花费大量的时间和精力，而学习任务也十分繁重，需要投入大量的时间来完成。因此，他们常常感到时间不够用，无法有效地平衡社交和学习之间的关系。

其次，他们可能会面临优先级的问题。在社交活动和学习任务之间，他们需要明确自己的优先级，确定哪些是最重要的，哪些是次要的。然而，这往往需要他们做出一些艰难的选择和取舍，可能会引发一些内心的矛盾和困扰。

因此，自我管理和时间分配的困扰对于主动型的大学生来说是一个重要的挑战。他们需要学会如何有效地规划和安排自己的时间，合理地分配资源，以实现社交和学业之间的平衡。

（3）社会交往带来的心理压力

社交活动带来的心理压力也是主动型大学生面临的一个重要问题。他们热爱社会交往，但同时也可能面临各种挑战和困难，导致心理上的不适和压力。

首先，他们可能会面临人际关系的矛盾和冲突。在与人交往的过程中，可能会出现意见不合、利益冲突等问题，导致他们与他人产生矛盾和摩擦。这种情况会给他们带来心理压力和负面情绪，影响到他们的情绪稳定和心理健康。

其次，社交活动可能会带来社交压力。他们可能会面临来自同龄人或社会的期望和要求，如要求他们参加更多的社交活动、结交更多的朋友等。这种社交压力会使他们感到焦虑和不安，导致心理上的负担增加。

2.被动型

被动型的大学生向往社会交往，但又害怕言论的不当会带来社交麻烦，因此在社会交往行动方面表现出退缩与胆怯。

（1）社交焦虑与胆怯

被动型的大学生在社会交往中常常表现出一种内心的焦虑和胆怯。他们虽然向往社会交往，但害怕言论不当或行为失态会带来社交麻烦，因此在实际的社会交往行动中表现出退缩和胆怯的态度。

首先，他们可能会因为害怕被他人误解或批评而选择避开社交场合。他们担心自己的言行举止会给他人留下不良的印象，或者担心自己无法应对社交场合中的各种挑战和困难，因此选择主动回避社交活动，以避免不必要的社交麻烦。

其次，他们可能会因为害怕言论的不当而表现出胆怯和退缩的态度。在与人交往的过程中，他们可能会遇到一些敏感的话题或者他人的挑衅，但由于害怕言辞不当会引发不必要的争端或冲突，因此选择保持沉默或者逃避对话，以避免社交困扰。

因此，社交焦虑与胆怯是被动型大学生在社会交往中面临的一个重要问题。他们需要学会如何处理社交场合中的挑战和困难，提升自己的社交技能和应对能力，以更好地适应社会交往的环境。

（2）自我保护与社交回避

被动型的大学生倾向于采取自我保护和社交回避的策略来避免社交麻烦。他们害怕言论不当会带来负面后果，因此更倾向于选择避开社交场合，以保护自己的安全和舒适。

首先，他们可能会选择与人保持距离，避免过多的社交互动。他们认为保持独立和孤立可以减少自己在社交场合中受到的压力和困扰，因此更倾向于选择独自行动或者与少数几个亲近的朋友交往，而避免与陌生人进行深入的社交互动。

其次，他们可能会选择避开一些可能带来社交麻烦的场合或活动。他们担心自己无法控制自己的言行举止，或者担心自己会在社交场合中遭遇到不必要的挑战和困扰，因此更倾向于选择避开这些场合，以减少自己在社交活动中受到的压力和困扰。

因此，自我保护与社交回避是被动型大学生在社会交往中常常采取的一种策略。他们希望通过这种方式来保护自己的安全和舒适，避免不必要的社交麻烦和困扰。

（3）心理压力与社交困扰

被动型的大学生常常面临心理压力和社交困扰。他们虽然向往社会交往，但担心自己的言行举止会带来社交麻烦，因此常常感到焦虑和不安。

首先，他们可能会因为社交焦虑而感到压力重重。在社交场合中，他们可能会面临各种挑战和困难，如与人交流时的紧张、与人相处时的尴尬等，这些问题会导致他们产生心理压力和负面情绪，影响到他们的情绪稳定和心理健康。

其次，他们可能会因为社交困扰而感到不安和烦恼。在与人交往的过程中，他们可能会遇到一些不愉快的事情，如与人发生矛盾、遭受他人的挑衅等，这些问题会给他们带来不必要的困扰，影响到他们的生活质量和幸福感。

因此，心理压力与社交困扰是被动型大学生在社会交往中常常面临的一个重要问题。他们需要学会如何有效地处理社交压力和困扰，保持心理健康和情绪稳定，以更好地适应社交环境。

（三）恋爱方面的问题

由于绝大多数的大学生在年龄与心理方面已经相对成熟，所以大学生的恋爱问题也逐渐被家长和老师所允许和接受，但这也导致了大学生恋爱人数越来越多，恋爱逐渐早期化，并由此带来了一些恋爱方面的问题。例如，恋爱会对学业造成一定的冲击，恋爱过程中彼此之间的情感变化与发展可能会出现一些波澜，甚至产生决裂与分手的问题，这些问题的发生都对大学生的心理造成了一定的冲击，使其心理产生较大的起伏与波动。除此之外，随着大学生恋爱人数日益增多,许多随处可见的亲密行为也会使未曾恋爱的大学生产生一定的心理压力,给他们带来空虚、孤独甚至是自卑的感受,使其心理产生较大的心理压力。

1.恋爱对学业的冲击

随着大学生恋爱观念的逐渐开放,越来越多的大学生选择在校园里谈恋爱。然而,恋爱带来的一系列情感和行为变化可能会对大学生的学业造成一定的冲击。

首先,恋爱会占用大量的时间和精力。大学生在恋爱过程中往往会花费大量的时间与恋人相处,进行各种约会和交流,这可能会影响到他们的学习效率和学业表现。他们可能会因为过度沉迷于恋爱而忽略了学习任务,导致学习成绩下降或者学业压力增加。

其次,恋爱会影响到大学生的情绪和心理状态。在恋爱过程中,大学生可能会经历各种情感波动和挑战,如恋爱中的矛盾和分歧、对未来的担忧和不安等。这些问题会影响到他们的情绪稳定和心理健康,进而影响到他们的学习状态和学业表现。

因此,恋爱对大学生的学业造成了一定的冲击。他们需要学会如何平衡恋爱与学业之间的关系,合理安排时间和精力,以保持学业上的稳定和表现。

2.恋爱中的情感变化与发展

在大学生的恋爱过程中,情感变化和发展是一个常见的现象。由于大学生的心理和情感处于发展阶段,他们在恋爱过程中可能会经历各种情感波动和发展。

首先,恋爱中的情感变化可能会导致彼此之间的矛盾和分歧。在恋爱过程中,大学生可能会发现自己和恋人在某些观念或价值观上存在分歧,这可能会导致情感上的冲突和摩擦,进而影响到他们的关系发展和稳定性。

其次,恋爱过程中的情感发展可能会带来一些波澜和挑战。大学生在恋爱中可能会经历各种情感阶段,比如初恋的甜蜜、相处时的磨合、面对挑战时的困惑等。这些情感变化可能会对他们的心理产生一定的冲击,使其情绪起伏不定,影响到他们的心理健康和情绪稳定。

因此,恋爱中的情感变化与发展是大学生恋爱过程中的一个重要问题。他们需要学会如何处理情感波动和挑战,保持冷静和理性,以维持恋爱关系的稳定和健康发展。

3.未曾恋爱者的心理压力

随着大学生恋爱人数的增多，未曾恋爱者可能会面临一定的心理压力。在校园中，随处可见的恋人亲密行为可能会使未曾恋爱者产生一定的心理落差和自卑感。

首先，未曾恋爱者可能会感到空虚和孤独。在校园中，恋爱情侣的亲密行为可能会使未曾恋爱者感到与他人的距离更加遥远，导致他们感到孤独和空虚，甚至产生一种被排斥或孤立的感觉。

其次，未曾恋爱者可能会面临来自他人的社会压力和观念约束。在社会观念中，恋爱被视为一种正常的生活状态，而未曾恋爱者可能会被视为异类或者不合群体，这可能会导致他们产生自卑感和社会排斥感，进而影响到他们的心理健康和生活质量。

因此，未曾恋爱者的心理压力是大学生恋爱问题中的一个重要方面。他们需要学会如何应对来自社会的压力和观念约束，保持自信和积极的心态，以摆脱心理压力的困扰，实现自己的人生价值和幸福感。

二、大学生心理健康问题的主要表现及危害

（一）认知表现

认知是个体认识客观世界的信息加工活动，是人类最基本的心理过程，支配着人的行为。大学生心理健康问题在认知上表现为自我意识不成熟和社会认知有偏差。自我意识不成熟通常表现为自卑心理。自卑心理往往表现为对于自我认知的模糊、过分低看自己的能力，甚至会有自轻自贱的消极状态产生。带有这种情绪的大学生往往会呈现出如下几个特点：

1.对于自我认知充满局限性

聚焦于自身的不足，无法认知和发挥自己的长处。

（1）自我负向评价的加剧

在自我认知充满局限性的情况下，大学生往往倾向于将注意力过分集中在自身的缺点和不足之上，而忽视了自己的优点和长处。这种过度关注负面因素的倾向会导致个体对自己的评价变得更加负向，认为自己缺乏能力和价值，从而加深了自卑情结和自我怀疑。

（2）自我效能感的降低

自我认知局限性使得个体难以认知和发挥自己的长处和优点，导致其对自己的能力和潜力产生怀疑和不信任。因此，大学生在面对挑战和困难时，可能会缺乏足够的自信，认为自己无法克服困难或实现目标，从而降低了自我效能感。

（3）心理健康问题的加剧

自我认知充满局限性可能会导致个体对自身产生消极的认知和情绪体验，增加了心理健康问题的发生风险。长期以来，负向的自我认知可能会引发焦虑、抑郁等心理问题，甚至影响到个体的生活质量和社交功能，对大学生的心理健康产生不利影响。

2.自我缺点的放大效应

将某个方面的微小缺点放大到对自身所有能力的全盘否定。

（1）缺点放大的认知偏差

自我缺点的放大效应源于认知偏差，即个体在对自身进行评价时过度关注负面信息，而忽视了正面信息。当个体在某个方面出现微小缺点时，他们往往会将这一缺点夸大，甚至将其视为对自己整体能力的代表，导致对自己的能力和价值产生全面否定的认知偏差。

（2）自我否定的心理效应

由于自我缺点的放大效应，大学生可能会陷入自我否定的心理状态。他们倾向于将自己的缺点作为个体能力和价值的充分体现，导致产生自卑、自责和自我怀疑等消极情绪。长期以来，这种自我否定的心理效应可能会加剧个体的焦虑和抑郁情绪，影响其心理健康和生活质量。

（3）对行为决策的负面影响

自我缺点的放大效应可能会影响大学生的行为决策过程。由于过分关注自身的缺点和不足，个体可能会在面临决策时产生消极的心理预设，认为自己无法胜任或成功，从而放弃挑战或采取保守的行为策略。这种消极心态可能会阻碍大学生的个人发展和成就。

3.自我的封闭

充满自卑情结的学生总是担忧在他人面前暴露缺陷，受到嘲笑，所以会寻求自我封闭，隔绝与外界的交流，通过类似于掩耳盗铃的方式来安慰自己，逃避问题，却无法根本解决问题。

（1）自卑情结的滋生

自我封闭的学生通常内心充满自卑情结，他们对自己的能力和价值缺乏自信，害怕他人发现自己的不足并加以嘲笑和质疑。这种内心的自卑情结可能源自童年时期的不良体验、家庭环境的影响或社交压力等因素。

（2）社交恐惧和回避行为

自我封闭的学生常常体验到社交恐惧，他们害怕与他人交流和互动，担心在社交场合中暴露自己的不足。因此，他们选择避开社交场合，回避与他人的交流，甚至避免参加社交活动或课堂讨论，以避免受到他人的审视和评价。

（3）解决问题的逃避策略

自我封闭的学生倾向于通过逃避问题的方式来应对自己的不安和焦虑。他们选择隔绝自己，不愿面对社交困境和挑战，而是选择逃避问题，通过沉溺于自己的内心世界来寻求安慰和逃避现实。然而，这种逃避策略只能暂时缓解内心的焦虑，无法真正解决问题，反而可能使问题进一步恶化。

4.过度敏感

过于在乎他人的看法，过度地将自身缺点与他人的言论相联系，让自己丧失应有的自信心和决断力。

（1）对外界评价过分在意

过度敏感的个体往往对他人的看法和评价过分在意，甚至对一些轻微的批评或否定也会感到极度敏感和受伤。他们容易将他人的言论视为对自己的攻击，因此会不断地在意他人的评价，试图通过获得他人的认可来维护自己的自尊心。

（2）将自身缺点与他人言论相联系

过度敏感的个体倾向于过度解读他人的言行，将自己的缺点与他人的言论相联系，从而导致自我怀疑和自我否定。他们会将他人的批评或负面评价视为对自己的指责，进而加深对自己的否定和负面情绪，导致自信心的降低和决断力的丧失。

（3）自信心和决断力的丧失

由于过度敏感个体对外界评价过于在意，并将自身缺点与他人言论相联系，因此容易导致自信心和决断力的丧失。他们会因为担心受到他人的批评或否定而犹豫不决，缺乏自信地面对挑战和困难，进而影响到自己的人际关系和个人成长。

5.畏首畏尾的行为方式

时常担心自己的所作所为会引起他人的嘲笑和讥讽，因此时常怀疑自己行为的正确性，无法做出果断的行动，缺乏主观能动性。

（1）担心他人的评价

畏首畏尾的个体往往过分关注他人的看法和评价，担心自己的行为会引起他人的嘲笑和讥讽。他们常常将他人的反应视为对自己的评价，因此在行动之前会不断地考虑他人的反应，导致行动的迟疑和犹豫。

（2）怀疑自身行为的正确性

由于过分关注他人的评价，畏首畏尾的个体往往会怀疑自己的行为是否正确，缺乏对自身行为的自信和肯定。他们常常会陷入对自己行为的反复思考和怀疑之中，导致无法做出果断的行动，影响到个人的发展和成长。

（3）缺乏主观能动性

畏首畏尾的个体由于过分在意他人的评价和缺乏对自身行为的自信，往往表现出缺乏主观能动性的特征。他们无法积极主动地面对问题和挑战，常常选择逃避或被动应对，导致自身发展受限和人际关系受损。

6.刻意掩饰自我

为避免他人看到自身缺点与不足，有着自卑感的学生往往会过分地掩饰自我，做出有悖于内心真实想法的行为，如用盲目虚荣攀比的行为或者超出自己能力承受范围的行为来掩藏自己等。

（1）自卑感的存在

刻意掩饰自我的个体往往内心存在自卑感，缺乏自信和自尊心。他们过分关注自身的缺点和不足，担心被他人发现并受到评判，因此采取掩饰自我的方式来保护自己。

（2）盲目虚荣攀比

为了掩饰自身的缺点和不足，有些个体会采取盲目虚荣攀比的行为。他们通过炫耀自己的物质条件、社会地位或外在形象来掩盖内心的不安和自卑感，试图在外界获得认可和赞赏。

（3）超出能力承受范围的行为

还有一种掩饰自我的方式是采取超出自己能力承受范围的行为。这些个体常常会选择追求表面上的成功和成就，而忽视自身的真实需求和内心的情感状态，试图通过外在的成就来掩盖内心的不安和焦虑。

7.自大自负心作祟

当充满自卑感的学生因为种种原因感受到不愉快时，他们会产生自我保护的敌对防御意识。这种意识往往表现在居功自傲、固执己见，有极强的自尊心，以自我为中心，强调自身行为和感受，从而形成自负心理。

（1）居功自傲

自大自负的个体常常表现出一种过度自信和自满的态度，他们会过分夸大自己的能力和成就，认为自己是无所不能的，对他人的贡献和帮助往往不以为然，甚至会将他人的成就归功于自己。

（2）固执己见

在面对他人的意见和建议时，自大自负的个体往往表现出极端的固执己见，拒绝接受他人的观点和反馈，坚持认为自己的看法和做法是正确的，不愿意做出任何改变。

（3）自我为中心

自大自负的个体往往将自己放在所有事情的中心，无视他人的感受和需要，只关注自己的利益和欲望。他们往往缺乏同情心和共情能力，难以与他人建立真诚和亲密的关系。

（二）情绪表现

由于校园环境的差异性以及社会环境的复杂性，大学生需要承受的压力也是多方面的。而这种压力的持续作用影响会导致学生无法妥善地管理好自己的情绪。这种情绪的失衡如焦虑感、孤独感和抑郁感等，便是心理问题中情绪的具体表现。

1.焦虑感

在面对事物时，焦虑会使人缺乏自信心，出现挫败感和负罪感。从医学角度来说，焦虑感发展到影响生理机能时便会产生焦虑症，它会导致生理感官上的无法集中注意力、头痛欲裂、呼吸紧张等问题，更会影响睡眠质量和食欲。焦虑的产生原因大多是大学生在学习生活中感受到了现实与预期存在巨大的差距，这种焦虑的种种表现便会随之显现出来。

（1）焦虑感的心理反应

焦虑感常常是由于个体对未来的不确定性或者面临的挑战而产生的一种情

绪体验。在心理层面上，焦虑会引发一系列不良反应，包括心烦意乱、紧张惶恐以及精神过度敏感等。这些反应不仅会影响个体的情绪状态，还会渗透到其日常生活的方方面面。

首先，焦虑感会导致个体心烦意乱，使其难以集中精力。这种心理状态下，个体往往难以有效地处理问题或者完成任务甚至可能陷入一种深度的消极情绪中。其次，焦虑会引发紧张和惶恐，使个体在面对挑战时产生回避或者逃避的倾向，进而影响其应对问题的能力。最后，焦虑还会使个体的精神过度敏感，对外界的刺激反应过度，容易受到周围环境的影响，从而陷入一种持续的紧张状态中。

（2）焦虑感与自我认知的关系

焦虑感会深刻影响个体的自我认知，进而影响其行为和情绪反应。自我认知是个体对自己内在状况的认识和评价，而焦虑感往往会扭曲这种认知，导致个体对自身能力和价值产生怀疑甚至否定。

首先，焦虑感会削弱个体的自信心。面对挑战或者压力时，焦虑感会使个体产生对自身能力的怀疑，认为自己无法胜任所面对的任务或者情境，从而陷入一种自我怀疑的心理状态中。其次，焦虑感还会使个体产生挫败感和负罪感。当个体无法达到自己设定的目标或者期望时，焦虑感会使其产生一种失败感，甚至会自责或者自我指责，加重其焦虑的程度。

（3）焦虑感与生理健康的关系

焦虑感不仅会影响个体的心理健康，还会对其生理健康产生负面影响。长期的焦虑状态可能导致焦虑症的发展，进而影响个体的生理机能。

首先，焦虑感会导致生理感官上的问题。持续的焦虑状态可能导致个体的注意力无法集中、头痛欲裂等症状的出现，进而影响其日常生活和工作效率。其次，焦虑感会导致呼吸紧张等生理反应，使个体产生身体上的不适感，加重其焦虑情绪。最后，焦虑还会影响个体的睡眠质量和食欲，使其出现睡眠障碍或者食欲不振等问题，进一步影响其身心健康。

2.孤独感

孤单感是一种持续的心理状态。当大学生自我价值得不到认同，或者人际交往存在障碍时，便会衍生出孤独感。

（1）孤独感的心理机制

孤独感是一种持续的心理状态，其形成受多种因素的影响。首先，个体对自我认知的偏差可能是导致孤独感的主要原因之一。在大学生阶段，自我认知的建立正在发展阶段，如果个体无法积极、全面地认识自己，就容易产生对自我价值的怀疑和否定。这种怀疑和否定会导致个体在与他人交往时产生不信任和保护自我的倾向，从而使其与他人疏远，形成孤独感。其次，家庭环境和成长经历对孤独感的形成也具有重要影响。家庭环境可能影响个体对人际关系的态度和行为方式，如果在家庭中缺乏充分的情感支持和人际交往，个体可能会缺乏与他人交往的基本技能和信心，进而难以建立稳固的人际关系，产生孤独感。最后，个体的性格特点也会影响其产生孤独感的倾向。性格孤僻、内向害羞的人可能更容易在社交场合中感到不适，难以融入他人群体，从而产生孤独感。特别是对于刚进入大学环境的新生来说，由于对新环境的陌生和不适应，他们往往会感到孤独和寂寞，因为他们还没有找到与他人建立联系的途径和方式。

（2）孤独感与心理健康的关系

孤独感对个体的心理健康产生重要影响，可能导致一系列负面心理和生理反应。首先，持续的孤独感可能加重个体的抑郁情绪。孤独感使个体感到与他人隔绝和孤立，缺乏情感支持和理解，从而增加了抑郁情绪的发生和持续的可能性。长期的抑郁情绪会影响个体的情绪稳定性和生活质量。其次，孤独感可能导致个体的焦虑情绪。孤独感使个体感到与他人隔离和孤立，无法获得他人的支持和帮助，从而增加了对未来的不确定性和恐惧感。这种不安全感和恐惧感可能导致个体产生焦虑情绪，影响其正常的生活和工作。最后，持续的孤独感还可能对个体的生理健康产生负面影响。研究表明，长期的孤独感可能增加患心血管疾病、免疫系统功能下降等健康问题的风险，进而影响个体的身体健康和寿命。

3.抑郁感

在当前复杂的社会和市场环境下，每个人或多或少地都有着抑郁倾向，从情感构成来说这是十分常见的一种情绪表现。当人们面对精神压力、生活压力、死亡伤害等事件时，都会产生一定程度的抑郁感。有着心理问题的大学生，其抑郁感的表现常常呈现出精神萎靡、怨天尤人、信心缺失、凡事提不起兴趣，有的甚至因为抑郁情绪的影响产生生理状态的变化，如失眠多梦、虚汗不停、食欲甚至性欲减退的状况，最终形成各类疾病。

（1）抑郁感的心理机制

抑郁症是一种常见的情绪问题，在当今社会的复杂环境中尤为突出。这种情绪表现源于个体面对各种精神和生活压力时的心理反应。首先，抑郁感常常与精神压力密切相关。当个体面临工作、学习或人际关系等方面的压力时，如果无法有效地应对或排解压力，就容易产生抑郁感。其次，生活中的重大事件，如失去亲人、工作失意等，也会引发抑郁感。这些事件给个体带来心理创伤和情绪困扰，进而导致抑郁情绪的产生。在大学生群体中，抑郁感的表现可能更加复杂。因为大学生正处于生活和学习压力较大的阶段，他们可能面临来自学业、家庭和社交等方面的多重压力。对于那些本身就存在心理问题的大学生来说，抑郁感更容易加重。

（2）抑郁感与心理健康的关系

抑郁感对个体的心理健康造成了严重影响，可能导致一系列负面后果。首先，持续的抑郁感可能加重个体的心理问题，如焦虑、恐惧等。抑郁感使个体感到无助和绝望，无法积极面对生活中的挑战，从而加重了其他心理问题的发生和持续。其次，抑郁感可能导致个体的社交问题。抑郁感使个体产生消极的交往情绪和行为，可能导致其与他人的关系疏远和冷漠。这种孤僻冷漠感不仅会影响个体与他人的交往，还可能使个体感到更加孤独和无助，加重了抑郁感的程度。最后，持续的抑郁感还可能对个体的生理健康产生负面影响。长期的抑郁感可能导致睡眠障碍、食欲不振等生理问题的出现，进而影响个体的身体健康和生活质量。

（三）行为表现

自我认知以及自我情绪管理上的异常表现会让有着心理健康问题的大学生在行为上有所偏离，通常表现为睡眠障碍、逃课厌学、逃避集体活动等。

1.睡眠障碍

睡眠障碍通常表现为失眠多梦、深度睡眠不足等。由于身体得不到充分的休息，造成大学生在白天的学习中无法集中精力，身体总是在高负荷的状态下工作，影响身体的健康状况。睡眠障碍容易给学生带来精神上的压力，使大学生无法拥有平和稳定的心理情绪，因此在生活中往往缺乏耐心、十分暴躁，更有甚者会引发意外伤害事故。

（1）睡眠障碍的类型和表现

睡眠障碍是一种常见的生理和心理问题，主要表现为失眠多梦、深度睡眠不足等症状。失眠是指个体在入睡困难、睡眠时间不足或者睡眠质量差的情况下，导致白天出现疲劳、注意力不集中等问题。多梦则是指个体在睡眠过程中频繁出现清醒状态，经常做梦或者梦境内容较为混乱，导致睡眠质量不佳。此外，深度睡眠不足也是睡眠障碍的常见表现，个体可能出现频繁醒来、睡眠时间不稳定等情况，导致身体无法得到充分的休息。

在大学生群体中，睡眠障碍尤为突出。他们通常面临着学业压力、人际关系等多重压力，导致心理紧张和焦虑，进而影响到睡眠质量。此外，大学生的生活规律常常不规律，晚上可能熬夜学习或娱乐，白天可能赖床睡懒觉，导致生物钟紊乱，进而加重了睡眠障碍的程度。

（2）睡眠障碍对健康的影响

睡眠障碍对大学生的身心健康产生了严重影响。首先，持续的睡眠障碍可能导致学生在白天的学习和工作中无法集中注意力，影响学习效率和工作效率。因为身体未能得到充分的休息，大脑无法充分恢复，导致思维不清晰、记忆力减退等问题。其次，睡眠障碍可能增加大学生的精神压力。长期的睡眠不足和多梦可能使个体感到疲劳和焦虑，进而影响到心理情绪的稳定性。睡眠不良会使人更易出现情绪波动，容易暴躁、易怒，甚至会出现抑郁和焦虑等心理问题。最后，睡眠障碍还可能增加大学生发生意外事故的风险。由于睡眠不足和多梦导致个体在白天感到疲劳和注意力不集中，可能在行车或操作机器时出现错误，导致交通事故或工伤事故的发生。

2.逃课厌学

大学生心理健康问题中存在着不同程度的逃课厌学现象。很多学生无法从学习中体会到快乐，对于学习秉持着无所谓的态度，所以逃课厌学就变成了习以为常的状态。学习是一项逐步递进不断提升的过程，在学习过程中任何一环节的脱节，都会影响整体学习效果。对于大学生的逃课行为，如果不及时进行干预制止，往往会造成不堪设想的结果，甚至有可能导致学生一蹶不振或者自暴自弃，严重影响身心发展。

（1）逃课厌学的心理机制

逃课厌学是大学生心理健康问题中的一种常见现象，其形成受到多种心理机制的影响。首先，学习厌恶情绪可能源于对学习的认知和态度。许多大学生对学习缺乏积极性和主动性，可能觉得学习枯燥乏味，难以从中获得快乐和满足感，因此产生了逃避学习的倾向。其次，外部环境的影响也可能导致逃课厌学。

大学生面临着来自社交、娱乐等多方面的诱惑，可能更愿意选择放纵和享乐，而忽视学习的重要性和紧迫性。最后，逃课厌学还可能与个体的心理素质和心理发展阶段有关。大学生正处于身心发展的关键阶段，他们可能对自己的兴趣和价值观进行思考和探索，对学习产生怀疑和挑战。如果个体缺乏足够的自律性和自我激励能力，就容易陷入逃避学习的状态，进而产生逃课行为。

（2）逃课厌学对个体和社会的影响

逃课厌学不仅会影响个体的学业成绩和学习效果，还可能对个体的心理健康和社会发展造成严重影响。首先，逃课厌学会导致个体的学业成绩明显下滑，从而影响其未来的学习和就业机会。因为逃课会使学生错过重要的学习内容和知识点，无法掌握课程要求，进而影响到考试成绩和绩点排名。其次，逃课厌学可能对个体的心理健康产生负面影响。长期的逃课行为会导致个体产生焦虑、自卑等心理问题，使其在学习和生活中感到困惑和无助，进而影响到自我认知和情绪稳定性。同时，逃课行为可能导致个体与师生关系和同学关系的疏远，加重其心理孤独感和压力感。最后，逃课厌学可能对社会的发展和稳定造成负面影响。因为逃课行为会影响到个体的学习和专业能力的提升，进而影响到社会人才的培养和社会竞争力的提升。此外，逃课行为还可能导致学生产生不良行为和犯罪行为，增加社会治安和社会成本的负担。

3.逃避集体活动

很多大学生心理健康问题对于集体活动胆怯害羞，缺乏自信，对他人的评价过于敏感，一遇到集体活动就采取逃避和退缩的态度。很多同学因为自卑或者自闭人格的影响，对人际交往采取冷漠态度。由于缺少最基本的人际交往与沟通交流活动，这部分学生的社交范围越来越窄，与同学之间的差距越来越大，进而缺乏足够的信心和热情参与到集体活动中。长此以往，必然会造成自卑消极的情绪蔓延，也让自己逐步踏入孤独极端的死角，无法自拔。

（1）逃避集体活动的心理机制

逃避集体活动是大学生心理健康问题中的一种常见表现，其形成受到多种心理机制的影响。首先，个体可能因为自卑感或社交焦虑而对集体活动感到不安和压力。这种自卑感可能源于个体对自己能力和价值的怀疑，导致他们对自己的社交能力和表现产生不信任和负面评价。其次，个体可能因为自闭人格特点而对集体活动感到不适应和不愿参与。自闭人格特点的个体可能更倾向于独处和沉思，难以与他人建立亲密的人际关系，因此对于集体活动可能缺乏兴趣和动力。最后，个体可能因为对他人评价过于敏感而对集体活动感到压力和不安。对于那些过于在意他人评价的个体来说，参与集体活动可能意味着面对更多人的观察和评判，这会增加他们的焦虑和压力，进而导致他们选择逃避集体活动。

（2）逃避集体活动对个体和社会的影响

逃避集体活动可能对个体的心理健康和社会适应性造成严重影响。首先，逃避集体活动会加剧个体的社交焦虑和自卑感。长期以来，个体的逃避行为会使其逐渐失去应对集体活动的能力，进而加深了对社交场合的恐惧和不安。这种心理状态会影响到个体与他人的正常交流和互动，进而影响到个体的社交关系和社会适应性。其次，逃避集体活动可能导致个体的心理孤独和自我封闭。由于缺乏与他人的交流和沟通，个体的社交圈子可能变得越来越窄，进而加深了他们的孤独感和自我封闭。长期以来，这种心理状态可能会使个体逐渐陷入自我怀疑和消极情绪中，进一步加重了心理健康问题的程度。最后，逃避集体活动还可能对个体的学习和成长造成不利影响。集体活动通常是大学生学习和成长的重要组成部分。通过参与集体活动，个体可以锻炼自己的团队合作能力、社交技巧和领导才能等。因此，逃避集体活动会使个体失去了这些学习和成长的机会，进而影响到个体的综合素质和竞争力。

第二节　影响因素分析

针对大学生心理健康问题，本节将分析其影响因素，包括个体因素（如性格特点、心理素质等）、家庭因素（如家庭关系、家庭教育方式等）、社会环境因素（如学校氛围、社交压力等）等方面。通过对影响因素的分析，可以更好地理解大学生心理健康问题的形成机制。

一、外界环境因素

（一）社会环境因素

1. 社会环境的影响因素

社会环境是指一个人所处的社会背景和周围的社会情境，它包括政治、经济、文化教育、社会关系等多个方面。这些因素对个体的生存和发展都有着决定性的作用，尤其对于青少年和大学生这个特殊群体来说，社会环境的影响更为显著。

（1）政治因素

政治制度、政策以及国家的发展方向，都直接影响着社会的运行和人们的生活。在一个政治稳定和发展的国家，社会秩序良好，政府能够有效地管理国家事务，保障人民的权利和利益，这有助于促进社会的繁荣与进步。然而，反之，则可能导致社会动荡和不确定性，影响到人们的心理健康和生活质量。

第一，政治稳定对社会的发展具有重要意义。在一个政治稳定的国家，政府能够有效地制定和执行政策，保障国家的长期发展和人民的幸福生活。政治稳定可以促进经济的发展，吸引投资和人才，推动科技创新和文化交流，为社会的繁荣与进步奠定坚实基础。

第二，政治发展对社会的影响也十分重要。政治制度和政策的改革与调整，直接关系到国家的发展方向和社会的未来走向。良好的政治发展可以推动社会各个方面的改革和进步，促进民主法治建设和社会公平正义，增强人民的获得感和幸福感。而政治倒退或者政治腐败，则可能导致社会的不公平与不稳定，损害人民的利益和权利，影响到社会的和谐与进步。

第三，国家的发展方向对社会的影响也是深远的。国家的发展战略和发展目标，直接关系到国家的未来走向和人民的生活质量。一个秉持科学发展观、可持续发展的国家，注重经济社会全面协调发展，促进经济增长和社会进步，实现国家富强和人民幸福。而一个盲目追求经济利益、忽视环境和民生问题的国家，则可能导致资源浪费和环境破坏，影响到人民的生活质量和社会的可持续发展。

（2）经济因素

第一，经济的繁荣可以为社会提供更多的就业机会和物质条件，促进社会的稳定和谐。在经济繁荣的时期，企业发展壮大，市场需求旺盛，这会带动更多的就业机会的产生，提高人们的就业率和收入水平，提高他们的生活质量和幸福感。同时，经济的繁荣也会促进社会资源的合理分配和利用，缓解社会贫富差距，增进人们的社会认同感和归属感，从而促进社会稳定和谐发展。

第二，经济的萧条可能导致就业压力增加、生活质量下降，进而影响到人们的心理健康和生活态度。在经济萧条时期，企业倒闭裁员、市场需求减少，这会导致就业机会减少，失业率上升，从而增加人们找工作的难度和压力。同时，生活成本上升、收入减少可能会导致人们的生活质量下降，降低他们的幸福感和满足感，增加他们的焦虑和抑郁情绪。长期处于经济萧条状态下的社会，还可能出现社会动荡和不稳定的局面，进一步影响到人们的心理健康和生活态度。

（3）文化教育因素

第一，文化传统承载着一个民族或社会的历史文化积淀和精神传承。良好的文化传统可以激励人们继承和发扬民族的优秀传统和文化精神，培育出具有民族自豪感和文化自信心的公民。这种文化传统有利于促进人们的思想开放和道德修养，增强社会的凝聚力和向心力，有助于推动社会的文明进步与和谐发展。

第二，教育体系是培养和传承文化的重要渠道和平台。教育不仅仅是传授知识和技能，更是培养人的思想道德和社会责任感的重要途径。良好的教育体系可以培养出具有全面发展和高尚品德的公民，使他们具备正确的价值观和良好的行为习惯。这有助于提高社会的整体素质和文化水平，推动社会的文明进步和和谐发展。

第三，社会风气是社会文化的重要组成部分，直接影响着人们的行为方式和社会交往方式。良好的社会风气可以促进人们的相互理解和包容，建立和谐的人际关系和社会环境。而不健康的社会风气则可能导致人们产生错误的价值观和行为习惯，影响到他们的心理健康和社会适应能力。这种情况下，社会可能会出现道德沦丧、人际关系紧张等问题，阻碍社会的发展和进步。

（4）社会关系因素

第一，良好的社会关系可以提供支持和安全感，有利于个体的成长和发展。在一个支持性和温暖的社会环境中，个体能够感受到来自家庭、朋友和社会的支持和关爱，这种支持和关爱可以增强个体的自信心和抗挫折能力，促进其积极向上的发展。良好的社会关系还可以带来心理健康和幸福感，提高个体的生活质量和生活满意度。

第二，不良的社会关系可能导致孤立和冷漠，影响个体的心理健康和社会适应能力。在一个孤立和冷漠的社会环境中，个体可能会感受到来自他人的排斥和忽视，缺乏支持和理解，从而导致心理上的孤独和无助感。这种孤立和冷漠可能会影响个体的自尊心和自信心，增加其焦虑和抑郁情绪，降低生活质量和幸福感。

2.社会环境变迁对大学生的影响

随着社会环境的不断变迁，大学生所处的社会环境也在发生深刻的变化，这对他们的心理健康和生活态度都产生着重要影响。

（1）社会竞争意识的增强和生活节奏的加快

在当代社会，人们的生活节奏正在不断加快，同时社会竞争的激烈程度也随之增加，这对大学生而言，带来了更多的挑战和压力。这种生活节奏的加快和社会竞争意识的增强，不仅影响着个体的心理健康和生活状态，也对整个社会的发展和稳定产生着深远的影响。

第一，生活节奏的加快意味着人们需要面对更多的任务和压力。在快节奏的生活中，个体需要不断适应和应对各种挑战，可能需要同时处理多个任务，经常面临时间紧迫和工作量巨大的情况。这种高强度的生活状态容易导致个体感到身心俱疲，出现焦虑、紧张等不良情绪，影响到其心理健康和生活质量。

第二，社会竞争意识的增强加剧了个体之间的竞争与比较心理。随着社会的发展，人们对于成功和成就的追求变得更加迫切，竞争的压力也随之增加。大学生作为社会的新生代，面临着就业竞争、学术竞争等多方面的挑战，需要不断努力提升自己的竞争力和适应能力，以应对激烈的竞争环境。这种竞争压力可能导致个体产生自我怀疑、焦虑和不安，影响到其心理健康和自我发展。

（2）社会文化环境的变迁

社会文化环境的变迁是一个不断演进的过程，随着社会的发展和进步，人们的思想观念和价值观念也在不断变化。在这样的社会环境中，大学生作为社会的主要知识传承者和未来的社会建设者，处于文化认同和思想迷茫的交叉点上，既面临着新思想的冲击和接受，也面临着传统文化的保护和传承。

第一，随着社会的现代化和全球化进程，大学生更容易接触到各种新的思想观念和文化体验。新的科技和传播媒体使得信息传递更加迅速和广泛，国际的交流也更加频繁和密切。这种环境下，大学生往往会受到来自不同文化背景和思想体系的影响，对于传统文化和价值观念产生怀疑和质疑，更倾向于接受新的、开放的思想观念。

第二，社会文化环境的变迁也给大学生带来了文化认同和思想认同的困扰。在传统文化和新文化的交融中，大学生往往会面临着文化认同的选择和思想认同的挣扎。他们可能会陷入传统文化和现代文化之间的冲突中，对于自己的文化身份和思想信仰感到困惑和迷茫，不知道应该如何去抉择和定位。

（3）我国高等教育体制的改革

第一，随着社会经济的快速发展和全球化的推进，我国高等教育体制的改革成为了重要议题。自改革开放以来，国家逐步从计划经济体制向市场经济体制过渡，赋予高校更多的办学自主权，推动"211工程"和"985工程"等项目，提升了高校整体办学水平。然而，现阶段仍存在区域资源分配不均、学术管理体制僵化等问题。为应对这些挑战，未来改革应注重推动教育资源均衡、提高人才培养质量、加强国际合作，并积极引入智能化技术，提升高校的全球竞争力。通过持续深化改革，我国高等教育将为社会输送更多创新型人才。

第二，改革也带来了更加激烈的就业竞争和压力。随着自主择业的推行，大学生面临的竞争不仅来自同龄人，还来自社会各个领域的人才。这使得大学生需要具备更高的综合素质和竞争力，不仅需要具备专业知识和技能，还需要具备创新能力、实践能力和团队合作能力，才能在激烈的就业市场中立于不败之地。

（二）学校环境因素

学校是学生学习、生活的主要场所，学生的大部分时间都是在学校中度过的。因此，学校的生活环境对学生的身心健康影响极大。学校因素主要有学校教育条件、学习条件、生活条件，以及师生关系、同学关系等。这些条件和关系，如果处理不当，就会影响学生的身心健康发展。例如，学校学风不盛、学习负担过重、教育方法不当、师生感情对立、同学关系不和谐等，都会使学生的心理压抑，精神紧张、焦虑，如不及时调适，就会造成心理失调，甚至导致心理障碍。

1.学校教育条件

一个良好的教育条件不仅包括教学设施和教学资源的完善，还包括教师队伍的素质和教育教学管理水平。如果学校的教育条件不够完善或者存在严重的问题，就会直接影响到学生的学习效果和心理健康。

首先，教学设施和资源的不足会影响到学生的学习质量和学习积极性。例如，学校图书馆的藏书量不足、实验室设备陈旧、教学用具不全等问题都会限制学生的学习和探索。这种情况下，学生可能会感到学习压力过大，学习动力下降，从而导致学习效果不佳和心理压力增加。

其次，教师队伍的素质和教育教学管理水平直接影响到学生的学习体验和学习情绪。如果学校的教师队伍中存在着教学水平参差不齐、教学态度不端正或者管理不善的情况，就会导致教学质量参差不齐、教学效果不佳，甚至出现师生矛盾和教学秩序混乱的问题，给学生的心理健康带来负面影响。

2. 学习条件

学习条件是学生在学校中进行学习的环境和条件，包括学习资源、学习氛围等方面。如果学习条件不佳或者学习环境不利于学生的学习，就会直接影响到学生的学业成绩和学习体验，进而影响到其心理健康。

首先，学习负担过重会给学生带来巨大的心理压力。如果学校的教学安排过于紧张，学生需要面对大量的课业任务和考试压力，就会导致学生感到焦虑、紧张和压抑。长期处于这种高压状态下，学生可能会出现学习动力下降、情绪波动和学习疲劳等问题，严重影响到其心理健康和学业发展。

其次，学习氛围的不良也会影响到学生的学习积极性和学习效果。如果学校的学习氛围不够浓厚，学生缺乏学习的动力和兴趣，可能会出现学习懈怠、消极应付等问题。学校的学习氛围如果存在着比较严重的竞争和比较心理，也会加剧学生之间的压力和紧张情绪，影响其心理健康和学习效果。

3. 生活条件

学校的生活条件是指学生在校园中的生活环境和条件，包括食宿条件、卫生条件、文化娱乐设施等方面。如果学校的生活条件不佳或者存在严重的问题，就会给学生的生活带来困扰和不便，影响到其身心健康的发展。

首先，食宿条件的不良会影响到学生的身体健康和生活品质。如果学校的食堂卫生条件不佳、食物质量不过关，或者学生宿舍的住宿环境不舒适、卫生条件不好，就会给学生的身体健康带来负面影响。食宿条件不佳可能导致学生的营养不良、消化系统问题或者睡眠质量下降等，进而影响到其身体健康和生活质量。长期处于这样的不良生活环境下，学生可能会感到身心疲惫，心情沮丧，甚至影响到其学习和生活的正常进行。

其次，卫生条件的不良会增加学生的生活压力和健康风险。如果学校的卫生条件不佳，存在着垃圾堆积、卫生设施不完善或者卫生管理不到位等问题，就会给学生的生活带来诸多不便和卫生隐患。不良的卫生条件可能导致学生感染疾病或者受到环境污染的影响，增加了疾病发生的风险，对学生的身心健康产生负面影响。

（三）家庭环境因素

家庭是个体生活的中心，是个体身心发展受到最早影响的生态因素。国内外大量研究表明，不良的家庭环境因素，容易造成家庭成员的心理行为异常。

1. 家庭成员不全

（1）父母的离异

父母的离异是一种常见的家庭成员不全的情况，对子女的心理健康产生着深远的影响。离异可能导致家庭关系紧张和不稳定，使得子女面临着来自家庭的情感分裂和困扰。对于孩子而言，父母是最重要的情感支持和安全感来源，而当父母离异时，他们可能感到失去了安全感和归属感。他们可能会陷入情感上的孤独和无助之中，对未来的不确定性产生焦虑和恐惧。在离异家庭中，子女往往需要面对父母之间的矛盾和纷争，承受着双方情感的碰撞和冲突，这对他们的心理健康造成了极大的负面影响。

（2）父母的再婚

父母的再婚是家庭成员不全的另一种情况，也会给子女带来情感上的挑战和压力。当父母再婚后，子女需要适应新的家庭成员和家庭结构，这可能需要他们重新调整自己在家庭中的角色和地位。新的继父或继母可能与子女之间存在着陌生感和疏远感，子女可能感受到家庭关系的不稳定和不确定性，导致情感上的紧张和焦虑。同时，父母再婚后，家庭中可能出现新的家庭规则和期望，子女可能需要适应新的家庭环境和生活方式，这对他们的心理适应能力提出了挑战。

（3）父母的死亡或分居

除了离异和再婚外，父母的死亡或分居也是导致家庭成员不全的常见情况。父母的死亡会给子女带来巨大的心理创伤和悲痛，他们可能面临着失去最亲密的家庭成员和情感支持的痛苦，需要长时间的心理调适和情感疏导。而父母的分居也可能使家庭关系变得紧张和不稳定，子女需要面对家庭成员之间的距离和分离，可能会产生孤独感和失落感。这些情绪上的困扰和挑战都会对子女的心理健康产生负面影响，影响其正常的成长和发展。

2.家庭关系紧张

（1）父母关系紧张

当父母之间存在矛盾和冲突时，家庭成员往往会陷入紧张和不安的氛围中。父母的争吵和冷战可能使子女感受到家庭的不稳定性和不安全感，甚至成为他们心理健康问题的根源。在这种环境下，子女往往会感受到来自父母的压力和负面情绪，可能会产生自责、焦虑和抑郁等心理问题。同时，父母关系的紧张也会影响到他们对子女的教育方式和行为模式，可能会出现溺爱、冷漠或者过度严厉等不良的家庭教育方式，进一步加剧了家庭氛围的紧张和不稳定。

（2）婆媳关系紧张

婆媳之间的矛盾和冲突可能会导致家庭气氛的紧张和不和谐。例如，婆婆可能对儿媳的生活方式和教育方式提出不满，而儿媳可能感受到压力和限制，产生负面情绪。这种紧张关系可能会影响到整个家庭的氛围，使得家庭成员都感受到疲惫和沮丧。尤其是儿子在中间，往往成为两边的调解者，承受巨大的心理压力。婆媳关系的紧张也可能影响到子女的教育和成长，使他们感受到家庭关系的紧张和不稳定，从而影响到其心理健康和社会适应能力。

（3）亲子关系紧张

当父母对子女过度要求或者过度干涉，或者子女叛逆不顺从时，都可能导致亲子关系的紧张。例如，父母的期望过高可能使子女感受到压力和焦虑，导致亲子之间的矛盾和冲突。同时，子女的叛逆行为和不顺从也会引起父母的不满和愤怒，使得亲子关系变得紧张和不和谐。在这种紧张的关系中，家庭成员往往会感受到情绪上的压力和负担，影响到家庭氛围的和谐和稳定。

3.家庭教育方式不当

（1）过于专制粗暴的家庭教育方式

家庭教育方式的不当表现之一是过于专制粗暴。在这种家庭环境下，父母可能会采取强硬的教育方式，过分强调服从和纪律，忽视了子女的情感需求和个性发展。父母可能会以打骂或严厉的语言指责来惩罚子女的错误行为，而不是通过沟通和理解来引导他们的行为。这种教育方式容易造成子女情感上的受伤和心理创伤，使他们变得胆怯、内向或者暴躁，影响到他们的自信心和社交能力。同时，过度的压力和惩罚可能使子女产生逆反心理，反而加剧家庭关系的紧张和不和谐。

（2）过度溺爱娇惯的家庭教育方式

在这种家庭环境下，父母可能会过分宠爱和迁就子女，满足他们的一切需求，放任他们的行为，忽视了对他们的正确引导和约束。这种教育方式可能使子女缺乏自律和独立性，过度依赖父母，缺乏解决问题的能力和应对挑战的勇气。他们可能会变得自私、任性，无法适应社会的竞争和挑战，导致他们在成长过程中缺乏应有的成就感和自我认同感。

（3）放任自流的家庭教育方式

在这种家庭环境下，父母可能对子女的行为漠不关心，缺乏教育和引导，让他们自由发展，没有明确的规范和要求。这种教育方式容易使子女感到无所适从和迷茫，缺乏方向感和目标感。他们可能会变得懒惰、消极，对未来缺乏规划和期待，容易受到外界负面影响而走上错误的道路。此外，放任自流的家庭教育方式也容易造成家庭成员之间的沟通不畅和情感交流不足，进一步加剧家庭关系的紧张和不和谐。

二、个体因素影响

大学生心理健康的个体因素包括个体生理因素和个体心理因素。

（一）个体生理因素影响

1. 遗传因素的影响

大学生个体生理因素包括个体遗传因素和躯体疾病或生理机能障碍。一般而言，人的心理活动是不能遗传的。但是，一个人作为身心兼备的整体，与遗传因素的关系又是十分密切的，尤其是一个人的气质、智力、神经过程的活动特点等，受遗传因素的影响更为明显。众多调查研究和临床观察表明，在精神病患者的家族中，患精神发育不全、抽风发作、性情怪僻、躁狂抑郁等神经精神病或异常心理行为表现的人占相当比例。

遗传因素对个体的生理和心理特征产生着深远的影响，其作用在个体的心理活动调节和心理特点形成过程中尤为显著。虽然心里活动本身不是可以直接遗传的，但遗传因素通过影响个体的基因组成、神经系统结构和功能等方面，对个体的气质、智力和心理特征具有重要影响。

通过对家族史的研究和遗传学调查，可以发现在精神疾病患者的家族中，存在大量的神经精神疾病或异常心理行为的表现。特别是在躁狂抑郁症和精神分裂症患者的家族中，有相当比例的家庭成员也存在相关疾病的表现。这种现象表明了遗传因素在精神疾病发病中的重要性。更具体地说，遗传因素对精神疾病的易感性起着重要作用，遗传了特定的基因变异可能会增加患上精神疾病的风险。而且，患者的家族成员与患病率之间存在密切的关系，越近的血缘关系，患病率越高，这进一步加强了遗传因素在精神疾病发病中的地位。

值得注意的是，遗传因素不仅影响疾病的易感性，还可能影响患者的病程和治疗效果。不同的遗传基因变异可能导致患者对药物治疗的反应不同，甚至可能影响到疾病的发展进程。因此，在精神疾病的治疗过程中，必须考虑个体的遗传背景，以实现个性化的治疗方案。

2.躯体疾病或生理机能障碍的影响

内分泌系统的异常是其中一个引起心理障碍的重要原因之一。特别是在甲状腺机能紊乱的情况下，个体可能经历情绪的极端波动。甲状腺功能亢进时，甲状腺激素的过量分泌会导致人的情绪变得异常敏感、暴躁易怒、情绪波动频繁和情绪冲动，这些异常的情绪表现可能对个体的日常生活和社交功能造成严重影响。相反，甲状腺功能减退则可能引发抑郁等情绪问题，个体可能会感到无力、消沉和缺乏动力。

类似地，肾上腺素分泌过多或过少也会对个体的心理状态产生重要影响。肾上腺素是一种重要的激素，它直接影响着人体的应激反应和情绪调节。当肾上腺素分泌过多时，个体可能会表现出躁狂症的症状，包括情绪高涨、冲动、兴奋和行为不稳定等。这种情况下，个体可能会感觉自己充满能量，但其行为可能变得冲动和不受控制。而肾上腺素分泌过少则可能导致抑郁症的发生，个体可能会感到消沉、情绪低落、无助和绝望。

这些生理机能的异常直接影响大脑神经系统的功能，从而影响到个体的心理状态和行为表现。尤其是在患有严重躯体疾病或生理机能障碍的情况下，个体可能面临着更大的心理压力和挑战，需要得到专业医疗和心理支持来应对这些挑战。

3.综合影响

第一，遗传因素和躯体疾病或生理机能障碍之间存在着密切的关联。个体的遗传基因可能会影响其对特定疾病或生理功能的易感性，从而增加其患上某些疾病或生理问题的风险。举例而言，一个人可能携带着与精神疾病相关的易感基因，但这并不意味着他一定会患上精神疾病。然而，如果这个人同时还存在着内分泌系统的功能异常，如甲状腺功能亢进或减退等，那么精神疾病发作的可能性就会显著增加。这表明遗传因素和生理机能的相互作用，对于个体心理健康的重要性。

第二，遗传因素和躯体疾病或生理机能障碍的相互作用可能导致心理健康问题的复杂性。个体可能同时受到遗传因素和生理机能异常的影响，使得心理健康问题的诊断和治疗变得更加困难。例如，在患有内分泌系统功能异常的情况下，精神疾病的症状可能会被误解为仅仅是由于生理问题引起的，而忽视了潜在的遗传因素的作用。这种复杂性需要跨学科的专业知识和综合评估，以确保个体得到正确的诊断和治疗。

第三，遗传因素和躯体疾病或生理机能障碍的相互作用可能对心理健康问题的预防和干预产生重要影响。了解个体的遗传背景和生理状态，可以帮助医生和心理健康专家更准确地评估个体的心理风险，并制定针对性地预防和干预措施。例如，对于患有遗传易感基因并且存在内分泌系统功能异常的个体，可以采取更积极的心理健康干预措施，以减轻心理疾病的发作和进展。这种个性化的干预方法有助于最大程度地保护个体的心理健康，并提高其生活质量。

（二）个体心理因素

个体的心理品质一旦形成，就会影响以后的心理发展和变化。个体的心理因素主要可以从认知、情绪和个性等方面进行分析。

1. 认知因素

认知因素在个体心理活动中扮演着至关重要的角色，其对个体的认知能力、心理健康以及社会适应能力都有着深远的影响。认知是个体对外界事物的感知、理解和处理过程，是人类心理活动的基础和核心。从感知、注意、记忆、想象、思维到言语等方面，认知过程涵盖了人类思维活动的方方面面，直接影响着个体对世界的认知和对自我、他人的认知。

感知是个体接收外界信息的第一步，它通过感觉器官对外界刺激进行接受和处理，构建个体对外界环境的认知基础。一个人对环境的感知能力直接影响着其对事物的理解和判断。注意是个体在面对众多感知信息时，选择性地关注和集中注意力的过程。注意的不同分配方式会影响个体对事物的理解和记忆，进而影响其行为和情绪。记忆是个体对感知和注意过程中获取的信息进行储存和整理的能力，是个体对过去经验的保留和回溯。一个人的记忆能力直接决定了其对过去事件的回忆和对未来行为的预判。想象是个体通过内部思维活动对外界信息进行再现和重建的过程，是人类创造性思维的基础。个体的想象力和创造力会影响其对世界的理解和对问题的解决方式。思维是个体对信息进行加工和推理的过程，是人类智力活动的核心。个体的思维方式和逻辑能力直接决定了其对问题的分析和解决方式。言语则是个体表达思想和交流信息的重要工具，是社会交往和沟通的基础。个体的语言能力和表达方式会影响其与他人的交流和沟通效果。

认知因素之间的协调与失调直接影响着个体的心理健康和社会适应能力。当个体的认知过程出现失调时，可能会导致认知平衡的打破，产生心理偏差和心理障碍。例如，感知能力不足或注意力过度分散可能导致个体对环境的错误理解和判断；记忆能力下降或想象力丧失可能导致个体对过去和未来的迷茫和不安；思维方式僵化或语言表达困难可能导致个体与他人的交流和沟通困难。而当个体的认知因素得到有效协调和平衡时，有助于个体的心理健康和社会适应能力的提升，使其能够更好地理解世界、适应社会、解决问题、处理情绪，从而更好地实现个体的发展和成长。

2.情绪因素

人的情绪体验是多维度、多成分、多层次的，它是一个人机体生存和社会适应的内在动力，是维持身心健康的重要因素。一般而言，稳定而积极的正性情绪状态，使人心情愉快、安定、精力充沛、适度，身体舒适、有力；相反，情绪缺乏控制，经常波动而消极的负性情绪状态，则使人心境压抑、焦虑、精力涣散、失去控制，身体衰弱、无力。

第一，情绪是多维度的，涵盖了多种情感状态和情绪体验。人的情绪可以分为正性情绪和负性情绪两大类别，每个类别又包括了多种具体情绪，如喜悦、愉快、幸福、焦虑、恐惧、沮丧等。这些情绪状态可以在不同的时间点和不同的情境下产生，并且相互交织、相互影响，构成了个体情绪体验的丰富多彩的内在世界。

第二，情绪是多成分的，包括了生理、心理和行为等多个方面。在生理方面，情绪会引起身体各系统的生理变化，如心率加快、呼吸加深、肌肉紧张等；在心理方面，情绪会影响个体的注意力、记忆、思维和决策等心理过程；在行为方面，情绪会影响个体的行为表现和社会交往方式，如愉悦时可能表现出笑容和亲和行为，而沮丧时可能表现出消极和退缩行为。

第三，情绪是多层次的，涉及个体的生理、心理和社会层面。在生理层面，情绪体验与身体的生理机制密切相关，如大脑中的情绪调节中枢和神经递质的释放等；在心理层面，情绪体验与个体的心理状态和心理健康密切相关，如情绪稳定性与抑郁、焦虑等心理问题的关系；在社会层面，情绪体验与个体的社会功能和社会适应密切相关，如情绪管理能力与人际关系、职业成就等的关系。

3.个性因素

人格因素又称个性因素，个性因素是心理活动的核心。人格具有社会历史性，它是在先天为儿童提供的生物实体的基础上，通过社会活动和社会交往而逐渐形成的，但是一旦形成，又对大学生的心理和行为表现带来很大的影响。例如，同样一种生活挫折，对不同个性的人其影响程度也不一样。有的人可能无法承受或消极应付，从此自暴自弃；有的人则可能接受现实，正视挫折，加倍努力，奋发图强，从而改变现状。

第一，人格是在先天基础上通过社会交往逐渐形成的。个体的人格特征受到遗传和生理因素的影响，同时也受到家庭、学校、社会等环境因素的塑造。在个体的成长过程中，家庭教育、社会经历、同伴关系等都会对人格的形成产生影响，塑造个体的行为模式和心理特征。因此，个体的人格特征具有一定的社会历史性，它是在社会化过程中逐步形成和发展的。

第二，人格对大学生的心理和行为表现具有重要影响。不同的人格特征会导致个体在面对相同的生活挑战时表现出不同的应对方式和心理态度。一些人可能具有积极、乐观、自信的人格特征，他们在面对困难和挫折时可能会更加坚韧和乐观，积极应对并寻求解决问题的途径。而另一些人可能具有消极、焦虑、自卑的人格特征，他们在面对困难时可能会感到无助和沮丧，容易陷入消极情绪和行为中。因此，个体的人格特征不仅影响个人生活质量，还会影响其社会适应能力和职业发展。

第三，不健全的人格特征容易导致心理问题或精神障碍的发生。一些特殊的人格缺陷可能会成为心理问题或精神障碍的发病基础。例如，强迫性人格缺陷容易导致强迫性神经症的发生，而易受暗示的人格缺陷则容易导致癔症的发生。因此，培养健全的人格特征对于个体的心理健康和社会功能具有重要意义，可以预防心理问题的发生和发展，促进个体的全面发展和健康成长。

三、大学生心理健康状况调查分析

目前，心理健康问题在大学生中呈上升趋势，引起了广泛关注。由心理问题引发的校园突发事件也引起了社会的关注。然而，许多学生不愿面对精神疾病，更不愿主动寻求心理咨询，这增加了高校心理卫生工作的难度。如何快速识别有心理问题的学生，如何有效帮助他们，以及如何处理危机，成为高校学生工作面临的重要挑战。

本研究的主要目的是帮助大学生建立积极的自我调节机制，开发心理潜能，促进身心健康发展，使他们能够建立良好的心理状态，学会自我引导。为了解学生的心理状态，特别是对于一些学生的心理问题，我们采用心理问卷进行定期调查。有些学生不愿让外人了解自己的心理问题，但通过问卷，我们可以了解他们的心理特点。

针对特殊情况，如不能按时返校，我们也可以在班级内进行相关的心理调查。通过多次问卷调查，可以初步了解可能存在心理问题的学生，有利于全面了解大学生的心理特点和状态，提高整体心理健康水平。通过问卷筛选，可以判断治疗后心理问题学生是否康复，为制定个体治疗方案提供依据。

借助研究结果，学校和医院可以进行一对一的心理咨询，更好地关注学生的心理健康。当前，高校的培养计划不仅包括专业知识的学习，还包括对大学生的身心健康教育。高校可以开展各种校园活动关注学生心理健康变化。通过问卷调查等方式甄别和干预校园心理危机，降低由学生心理问题危机带来的不利影响，确保校园和谐稳定。

（一）研究方法

本研究选择了全国30所大学的大学生作为调查对象。通过采用分层整群抽样的方法，我们收集到了1650份调查问卷（见附录二），其中有效问卷1500份，有效回收率为91.10%。SCL-90症状自评量表是由德若伽提斯于1975年制定的，经过评定后在我国的相关研究中得到了广泛应用。该量表涵盖了躯体化、强迫症状、人际关系敏感、抑郁、焦虑、敌意、恐怖、偏执和精神病等9个级别，采用5分制（1=不，2=轻，3=中，4=严重，5=很严重）。目前，在我国的多个研究领域都广泛采用了该量表，它是一种能够较好地反映个体心理健康水平，并且具有良好信度和效度的测量工具。

我们采用了自编的人口统计问卷,对受访者进行了基本个人信息的采集,包括性别、学校、班级、生源地和家庭经济等内容,并对受访者最近的学校生活进行了评估。研究小组整理了各被试问卷数据,并使用SPSS19.0软件对数据进行了分析。在比较组间计量资料时,我们采用了t检验,而在比较三组及以上计量资料时,则采用了单因素方差分析。统计学意义水平设定为$P < 0.05$。

(二)研究过程

在研究过程中,我们向大学生随机发放了1650份调查问卷。在排除无效问卷后,得到1500份有效问卷,并进行了进一步的调查和分析。这些问卷调查的对象是学校的本科生,我们采用《心理健康分析健康量表》的方式展开问卷调查。研究小组对数据进行整理和探索性因子分析,将原始尺度减少到九个水平五个维度。其中,人际关系维度包括抑郁、焦虑、睡眠和强迫等方面。

在进行数据分析的过程中,我们将性别作为独立样本进行了t检验,以探究不同性别在人际关系和强迫方面的维度差异。初步实验结果验证了我们最初的研究假设,发现利用性别数据处理的人际关系和强迫之间存在着显著的维度差异。这一发现为我们对大学生心理健康状况的深入理解提供了重要线索,也为后续的研究和干预工作提供了指导。

通过这一研究过程,我们不仅能够更全面地了解大学生的心理健康状况,还能够发现不同性别在心理健康方面的差异,为进一步的研究和干预提供了有益的参考。这一研究过程的深入分析和系统性方法将为我们在大学生心理健康领域的研究中提供坚实的基础,促进学校心理健康工作的开展和提升。

(三)研究结果

1.满意度

根据表3-1的数据分析,我们可以观察到大一和大二学生的生活满意度相对较高,这与他们处于大学生涯的起步阶段,充满了新鲜感、好奇心以及对未来的期待有着密切的联系。然而,随着年级的递增,特别是即将面临毕业的大四学生,他们所承受的压力和焦虑也随之增加,主要来自教育和就业等现实问题。在这个阶段,他们需要面对学业上的压力、职业发展的不确定性以及生活的各种挑战,因此对生活的满意度逐渐下降。

这种趋势背后反映出了大学生在不同阶段所面临的心理压力和挑战的变化。大学生的心理健康水平受到他们对生活的满意度的影响，因此，随着学业和生活压力的增加，他们更容易出现负面情绪和心理问题，进而影响到整体的心理健康水平。

这一调查结果提醒我们，学校和社会应该更加关注大学生不同年级的心理健康状况，针对不同阶段的心理压力和需求，采取针对性的心理健康干预措施。特别是对于即将毕业的大四学生，应该加强心理健康教育和咨询服务，帮助他们有效应对压力，保持心理健康，顺利度过这一重要阶段。同时，学校还可以通过提供更多的心理支持资源、创设良好的学习和生活环境等方式，全面提升大学生的心理健康水平，促进他们全面发展。

表3-1 一至四年级本科生对专业满意度调查表

满意度	年级 [n（%），人]				
	大一	大二	大三	大四	总计
满意	312（65.1%）	264（62.1%）	187（58.4%）	157（56.1%）	917（61.13%）
一般	130（27%）	110（26.33%）	87（27.2%）	93（33.2%）	420（28%）
不满意	38（7.9%）	49（11.67%）	46（14.4%）	30（10.7%）	163（10.87%）

2.对性别差异分析

采用独立样本t检验对性别因素在心理健康状况上的差异进行了深入分析。结果显示，在降维后的五个维度中，人际关系和焦虑两个维度在男女大学生之间存在着显著差异，见表3-2。这一发现揭示了性别在大学生心理健康状况中的重要影响，为进一步了解和解决大学生心理问题提供了重要线索。

具体来说，研究结果显示了男女大学生在人际关系和焦虑方面存在明显的差异。这表明了不同性别在面对人际关系和应对焦虑情绪时可能具有不同的心理特点和应对方式。在当今社会中，男女学生所承担的社会角色和责任有所不同，这也影响了他们在心理健康方面的表现。举例而言，一些社会工作职位更多地倾向于招聘男性，而女性则可能面临更多家庭和社会压力，这可能导致女性更容易出现心理问题和疾病，特别是在人际关系和焦虑方面的表现更为明显。

这一发现对于心理健康干预和预防工作具有重要意义。针对不同性别大学生的心理特点和需求，可以有针对性地制订心理健康干预计划，提供个性化的心理咨询服务，帮助他们更好地应对压力和挑战，保持心理健康。此外，还可以通过加强心理健康教育，提高大学生对心理问题的认识和应对能力，促进他们形成积极健康的心态等，从而减少心理健康问题的发生率，营造更加和谐稳定的校园氛围。

表 3-2　不同性别的大学生在不同维度上的差异比较

/	/	t	v	Sig.（双侧）	均值差值	标准误差值
人际关系	假设方差相等	-1.916	1500	0.064	-0.420	0.219
	假设方差不相等	-2.198	339	0.057	-0.420	0.191
强迫	假设方差相等	-1.073	1500	0.291	-0.196	0.183
	假设方差不相等	-1.074	330	0.296	-0.196	0.183
焦虑	假设方差相等	-1.990	1500	0.054	-0.406	0.024
	假设方差不相等	-2.395	389	0.035	-0.406	0.169
躯体化	假设方差相等	-1.593	1500	0.120	-0.293	0.184
	假设方差不相等	-1.620	335	0.124	-0.293	0.181
精神病性	假设方差相等	-1.073	1500	0.291	-0.196	0.183
	假设方差不相等	-1.074	302	0.296	-0.196	0.183

3. 对五个维度进行单因素方差分析

以心理健康状况的影响为变量，对这五个维度分别进行单因素方差分析，结果发现他们生活的影响在人际关系、躯体化、焦虑维度具有显著的差异，见表 3-3。

表 3-3　五个维度分别进行单因素方差分析

/	/	平均和	自由度	均方	F	显著性
人际关系	组间	51.829	49	0.348	1.310	0.010
	组内	385.400	1350	0.265	/	/
	总数	410.299	1499	/	/	/
躯体化	组间	53.389	149	0.358	1.314	0.009
	组内	368.200	1350	0.273	/	/
	总数	421.589	1499	/	/	/
神经病性	组间	56.237	149	0.377	1.065	0.290
	组内	478.400	1350	0.354	/	/
	总数	534.637	1499	/	/	/
强迫	组间	46.424	149	0.379	0.935	0.695
	组内	546.600	1350	0.405	/	/
	总数	603.204	1499	/	/	/
焦虑	组间	109.113	149	0.732	2.390	0.000
	组内	413.800	1350	0.307	/	/
	总数	52.933	1499	/	/	/

（四）分析

1.心理健康状况的性别特征

该研究发现男生焦虑、强迫症状及恐惧因子得分显著低于女生。在学习上，女生通常比男生更加刻苦，对社会价值的认识也更明确。在求职过程中，许多岗位都存在性别方面的需求，这就造成性别差异所造成的岗位不统一。同样地，大学生的实践能力、动手能力等方面女生也比男生弱一些。日常生活中遇到难以逾越的困难，更愿意获得周围人的帮助。另外，性别差异也造成人们在认识问题上存在差异。女生对工作、学习、生活等细节要求更精细，力求尽善尽美，和女生比起来，男生在细节上表现很糟糕。由此可推断出个别项目中女生的分数高于男生的原因。

2.心理健康状况的理想与现实落差及现实压力

本研究通过开放式问卷调查发现，大学生满意度随年级升高而降低，但是到第四学期满意度升高。学生带着热情，带着浪漫，带着对自己所选择专业的憧憬，走进大学，但紧张的课程安排所造成的学习压力撼动了他们本来刻苦学习的意志，甚至有部分学生对所选专业感到不满而考虑改行。在由理论走向实践的多个专业阶段中，大学头三年所积累起来的专业知识在实际工作中得到充分利用与整合，通过毕业实践与毕业设计来应用所学内容能够让学生充分地实现自我价值，自我满足感渐增，明白了学东西的含义及成就感。另外，大学生学完大学理论课程后，通过专业领域实践与认识，对于今后工作、学习会有一个全新定位。升学或者就业的双重压力也让学生不得不把更多时间与精力用于专业学习，以思考怎样在人才市场日趋饱和的情况下凸显自身优势，或者上更高层次的高校，这成为学生学习的压力之源。

3.心理健康状况与心理健康水平

（1）心理不平衡，心态不平静

在大学生群体中，存在一部分学生面临着心理不平衡和心态不平静的情况。这些学生由于种种原因，无法有效解决所面临的问题，导致内心的平衡受到严重破坏，进而影响了他们正常的社会功能，甚至对身心的健康发展造成了负面影响。在应对学习和生活的双重压力时，这些学生往往表现出与他人之间易发生冲突的倾向，从而进一步破坏了他们的心理平衡状态，难以保持内心的平静态度。

特别是在学习和生活的压力下,一些学生可能会面临挑战与困扰,而他们与朋友之间的关系也更容易因此而出现问题。这种状况下,学生可能会感到心理上的焦虑和不安,导致情绪的波动和不稳定。极少数学生甚至可能因情绪失控而容易与他人发生争吵和冲突,进一步加剧了他们的心理紧张和不平衡状态。

在这种情况下,学生往往面临着种种困境和挑战,需要及时得到有效帮助和支持。他们可能需要专业的心理咨询和辅导,以帮助他们理清思绪、调整情绪,并寻找解决问题的有效途径。此外,学校和社会也应加强对心理健康问题的关注和支持,为学生提供更加完善的心理健康服务体系,促进他们身心的健康发展。通过这些措施的实施,可以更好地帮助那些面临心理不平衡和心态不平静问题的大学生,帮助他们重拾内心的平静与安宁,迈向更加健康、积极的人生道路。

(2)存在一些负面情绪及身体反应

有的学生情绪波动,产生一些负面情绪,并伴有身体反应等。据调查,有些学生常常紧张、行为抑制和自我孤立等,不愿意和人交往。当人们觉得自己不能改变真实环境的时候,常易产生回避、自我隔离和其他防御行为,尽量屏蔽对外接触及过度刺激,维护自身心理上的平安与安定。在校园中,有些学生过分抑制自己的表现,不愿意和人沟通,呈现自我孤立趋势。

(3)心理失衡,缺乏平和的心态

根据综合调查结果显示,除了出现情绪波动外,一部分大学生还呈现出心理失衡的情况,缺乏平和的心态。这些学生可能受到了多种因素的影响,导致心理状态的不稳定和不平衡。首先,作息规律的混乱往往是造成心理失衡的一个重要原因。由于学业压力、社交活动等因素的影响,部分学生的作息规律遭到了破坏,导致了生活的混乱和不规律。这种不健康的作息习惯会进一步加剧学生的心理紧张和焦虑,使得他们难以保持平和的心态。其次,一些学生可能因为各种原因而表现出情绪低落、紧张不安的状态。学业压力、人际关系问题、未来就业压力等因素都可能成为导致心理失衡的诱因。这些压力和困扰可能会使学生陷入消极的情绪状态,难以保持心境的平和与稳定。此外,一些学生可能会表现出不愿意走动、不愿意与他人交流等行为特征。这种行为往往是心理问题的表现之一,可能表明学生内心的焦虑和不安。他们可能感到自己无法融入周围的社交环境,或者是因为内心的困扰而无法正常与他人沟通。这种情况下,学生往往会选择回避社交活动,进一步加剧了他们的心理失衡和心态的不平和。

第四章 大学生心理咨询服务现状分析

第一节 大学生心理咨询服务的可及性分析

一、咨询服务的覆盖范围

（一）学校内部心理咨询中心或部门

学校内部心理咨询中心或部门是大学生心理健康服务的重要组成部分。这些机构由专业的心理咨询师组成，旨在为学生提供心理咨询服务，帮助他们应对情绪、压力等心理问题，提高心理健康水平。

1. 一对一心理咨询

（1）深入探讨个人心理问题

一对一心理咨询是学校内部心理咨询中心提供的重要服务之一，为学生提供了一个私密的空间，让他们能够与心理咨询师进行深入探讨和解决个人心理问题。在这种咨询形式中，学生可以自由表达内心的困惑、焦虑、压力等问题，而心理咨询师则通过倾听、引导和分析，帮助学生更好地认识和理解自己的心理状态，找到解决问题的途径。

（2）个案分析与治疗方案制定

在一对一心理咨询中，心理咨询师会对学生的个案进行系统分析，了解其个人特点、成长背景、情绪状态等信息，以便制定针对性的治疗方案。通过深入了解学生的问题根源和影响因素，心理咨询师可以提供更加有效的咨询支持，帮助学生解决心理困扰，提升心理健康水平。

（3）沟通技巧与情绪调节

一对一心理咨询还是学生学习沟通技巧和情绪调节的重要途径。在咨询过程中，学生可以通过与心理咨询师的对话，学习有效的沟通技巧，如倾听、表达、理解等，提高与他人的交流能力。同时，心理咨询师也会教授学生情绪调节的方法和技巧，帮助他们更好地处理情绪波动，增强心理韧性。

2. 群体心理咨询

（1）心理成长小组

群体心理咨询是学校内部心理咨询中心提供的另一种重要服务形式。其中，心理成长小组是一种常见的群体咨询活动，旨在通过集体分享、互助、支持等方式促进成员的心理成长和健康发展。在心理成长小组中，学生可以与其他成员共同探讨心理问题、分享经验，互相支持和鼓励，从而获得情感上的满足和心理上的成长。

（2）情绪管理训练

除了心理成长小组外，学校内部心理咨询中心还可能组织情绪管理训练等群体心理咨询活动。情绪管理训练旨在帮助学生学会认识、理解和调节自己的情绪，提高情绪管理的能力。通过各种情景模拟、角色扮演等活动，学生可以深入体验和学习情绪调节的技巧，从而更好地应对生活中的情绪压力和挑战。

（3）集体经验分享与交流

群体心理咨询活动强调集体经验分享与交流。通过共同经历和互动，成员们可以感受到彼此的理解和支持，从而减轻孤独感和压力。在这种集体氛围中，学生们不仅可以从他人的经验中汲取启发和帮助，也可以为他人提供支持和建议，形成一种共同成长的氛围，促进心理健康的提升。

3. 心理健康教育

（1）讲座与工作坊

心理健康教育是学校内部心理咨询中心的又一重要服务内容。通过举办讲座、工作坊等形式，向学生传授心理健康知识和应对技巧，增强他们的心理健康意识和能力。这些讲座和工作坊涵盖了各种心理主题，如压力管理、情绪调节、人际关系等，旨在帮助学生更好地理解和应对各种心理问题，提升心理健康水平。

（2）心理测评与辅导

除了传授知识和技巧外，心理健康教育还包括心理测评与辅导。学校内部心理咨询中心可能会提供各种心理测评工具，如心理问卷、个性测试等，帮助学生了解自己的心理特点和问题。同时，心理咨询师会根据测评结果为学生提供个性化的辅导和建议，帮助他们更好地认识和应对自己的心理问题。通过心理测评与辅导，学生能够更全面地了解自己的心理状态，有针对性地进行心理调适和成长。

（二）校外专业机构

除了学校内部心理咨询中心外，一些大学生可能会选择到校外的专业机构寻求心理咨询服务。这些机构通常由具有丰富经验和资质的心理咨询师组成，提供更加个性化、专业化的服务。校外专业机构的服务特点包括：

1. 个性化服务

（1）学生需求评估与定制方案

校外专业机构在提供心理咨询服务时，要对学生需求进行全面评估。这一评估包括对学生的个人情况、心理问题、家庭背景等方面进行综合分析，以便更好地了解学生的需求和问题所在。基于评估结果，心理咨询师可以制定针对性的咨询方案，包括咨询的内容、形式、频次等，以满足学生个性化的需求。

（2）深度探讨与解决方案

在个性化服务中，心理咨询师与学生进行深度的探讨和交流，帮助学生更好地理解和认识自己的心理问题，并探索解决问题的途径。通过开放式的对话和引导，心理咨询师可以帮助学生深入挖掘问题的根源，解决心理困扰，并建立健康的心理机制。

（3）实用性建议与跟进服务

个性化服务还包括向学生提供实用性的建议和指导。心理咨询师会根据学生的具体情况，提供针对性的心理调适技巧、应对策略等，帮助学生更好地应对生活中的挑战和困难。同时，心理咨询师还会对学生的咨询过程进行跟进服务，持续关注学生的心理变化，及时调整和优化咨询方案，确保服务的有效性和持续性。

2. 专业技术

（1）丰富的临床经验

校外专业机构的心理咨询师通常具有丰富的临床经验。他们经常面对各种复杂的心理问题和病例，在长期的临床实践中积累了丰富的经验和技能。这些经验使他们能够更加深入地理解和分析学生的心理问题，提供更加有效和专业的咨询支持。

（2）多元化的专业技能

除了临床经验外，校外专业机构的心理咨询师还具备多元化的专业技能。他们可能接受过不同领域的专业培训，掌握各种心理治疗技术和方法，如认知行为疗法、解决方案导向疗法、人际关系治疗等。这些技能使他们能够根据学生的具体情况和需求，灵活运用不同的治疗方法，提供个性化、多样化的咨询服务。

（3）持续专业发展与更新知识

为了保持专业水平和服务质量，校外专业机构的心理咨询师通常会进行持续的专业发展和学习。他们可能参加各种形式的培训课程、学术会议等，更新自己的专业知识和技能，掌握最新的心理咨询理论和方法。通过不断学习和提升，心理咨询师能够更好地适应不断变化的社会环境和学生需求，为学生提供更加专业、有效的咨询支持。

（三）线上平台

随着互联网技术的发展，线上平台成为越来越多大学生获取心理咨询服务的选择。这些平台通过文字、语音、视频等多种形式提供咨询服务，为学生提供了更加灵活、便捷的选择。

线上平台的服务形式和特点包括：

1.多样化服务

（1）文字咨询

线上平台提供文字咨询服务，学生可以通过在线聊天的方式与心理咨询师进行沟通。文字咨询的形式简单、灵活，适合于那些更喜欢书面表达或不太愿意直接面对面交流的学生。在文字咨询中，学生可以随时随地向心理咨询师倾诉自己的问题和困扰，而心理咨询师则通过文字回复，提供针对性的建议和支持。

（2）语音咨询

除了文字咨询外，线上平台还提供语音咨询服务，学生可以通过电话或语音通话软件与心理咨询师进行交流。语音咨询相比文字咨询更加直接和沟通，能够更好地传达情感和情绪。对于一些需要即时交流和倾诉的学生来说，语音咨询提供了更加舒适和有效的咨询方式。

（3）视频咨询

线上平台还提供视频咨询服务，学生可以通过视频通话软件与心理咨询师进行面对面的交流。视频咨询形式最接近传统面对面咨询，能够提供更加直观和身临其境的体验。在视频咨询中，学生可以通过面部表情、身体语言等更多的信息传递，与心理咨询师建立更紧密的互动关系，加深咨询效果。

2.弹性安排

（1）时间弹性

线上咨询不受时间限制，学生可以根据自己的时间安排随时进行咨询。无论是在白天还是晚上、工作日还是周末，学生都可以根据自己的时间空闲进行咨询，避免了传统面对面咨询需要预约时间的限制，更加方便快捷。

（2）地点弹性

线上咨询不受地点限制，学生可以在任何地方进行咨询，只要有网络连接即可。无论是在家中、学校、图书馆还是旅途中，学生都可以随时随地与心理咨询师进行联系，无需受到地理位置的限制，极大地提高了咨询的便利性和灵活性。

（3）咨询弹性

线上咨询还具有咨询形式的弹性。学生可以根据自己的喜好和需求选择文字、语音或视频等不同形式的咨询，以及不同的咨询时长和频次。这种咨询形式的灵活性使学生能够更好地适应自己的个人喜好和需求，选择最适合自己的咨询方式，获得更好的咨询体验和效果。

3.安全与隐私保障

（1）加密技术

线上平台通常采用安全加密技术，保障学生和心理咨询师的通讯内容安全。通过端到端加密等技术手段，确保咨询过程中的信息不被第三方窃取或篡改，保障学生的隐私和权益。

（2）隐私保护政策

线上平台制定了严格的隐私保护政策，明确规定了用户信息的收集、使用、存储和保护措施。学生的个人信息和咨询内容将受到严格的保护，不会被用于其他商业用途，确保学生的隐私权益不受侵犯。

（3）专业背景审查

线上平台通常对注册心理咨询师进行专业背景审查，确保其具有相关的资质和经验。只有经过认证的心理咨询师才能在平台上提供咨询服务，保障学生能够获得专业、可靠的咨询支持。

二、咨询师资源

（一）专业水平

1. 丰富经验与专业背景

大学生心理咨询服务的专业水平直接取决于咨询师的经验和背景。拥有丰富临床经验和专业背景的咨询师能够更好地理解学生的心理问题，并提供更有效帮助和指导。这些咨询师可能具有心理学、临床心理学或心理咨询等相关专业的学位，并且经过专业认证或持有相关资格证书。他们通过长期的临床实践，积累了丰富的咨询经验和技能，能够灵活运用各种心理治疗方法和技术，为学生提供个性化、专业化的咨询服务。

2. 服务质量稳定性

在资源有限的情况下，咨询师可能面临工作负荷过重、时间分配不合理等问题，影响了他们的服务质量和效果。因此，学校需要采取措施，加强对咨询师的培训和支持，提升其专业水平和工作能力，确保心理咨询服务的稳定性和持续性。

（二）数量配比

1. 咨询师数量与学生比例

除了专业水平外，咨询师数量与学生比例也是影响心理咨询服务可及性的重要因素。如果咨询师数量不足，无法满足学生的需求，可能会导致学生等待时间过长，影响服务效果。因此，学校需要根据实际情况合理配置咨询师资源，确保咨询服务的覆盖面和深度。

2. 需求评估与资源调配

为了合理配置咨询师资源，学校可以进行学生需求的评估，并根据评估结果进行资源调配。通过调查问卷、定期反馈等方式收集学生的心理健康需求和意见，了解学生的主要问题和关注点，以便更好地安排咨询师资源，满足学生的实际需求。同时，学校还可以考虑引入志愿者或实习生等辅助人员，提供额外的咨询支持，缓解咨询师资源不足的压力，确保服务的及时性和有效性。

3. 多元化服务模式

除了增加咨询师数量外，学校还可以通过多元化的服务模式来扩大咨询服务的覆盖面。例如，引入团体心理咨询、在线咨询、自助式心理健康平台等形式，为学生提供更多样化、灵活化的心理咨询服务。这些服务模式可以有效地利用现有资源，提高咨询服务的效率和可及性，满足不同学生群体的需求。

三、服务流程

（一）简化流程

1. 初步咨询预约

大学生心理咨询服务的流程应该从初步咨询预约开始。学生可以通过线上预约系统或电话预约等方式，简单快捷地预约咨询时间。预约过程应尽可能简化，避免繁琐地填写和审核流程，以减少学生的等待时间和沟通成本。

2. 快速响应与安排

一旦学生提交预约申请，心理咨询中心应尽快响应并安排咨询服务。通过有效的排班和资源管理，确保学生能够在较短的时间内得到咨询师的响应，并安排合适的咨询时间。咨询中心可以采用自动化的预约系统或专人负责咨询安排，以确保服务流程的高效性和便捷性。

3. 咨询会议进行

一旦安排了咨询时间，学生可以参加咨询会议。在会议中，学生与心理咨询师进行面对面或线上交流，讨论个人问题和困扰，并共同制定解决方案和应对策略。咨询会议的内容应围绕学生的需求和目标展开，注重实用性和针对性，帮助学生更好地应对心理挑战和压力。

（二）透明度和可理解性

1. 清晰的流程说明

为了提高服务的透明度和可理解性，心理咨询中心应提供清晰的流程说明。学生在预约咨询之前，应清楚了解心理咨询服务的具体流程和步骤，包括预约方式、咨询时长、咨询形式等。咨询中心可以通过网站、宣传资料、信息手册等途径向学生提供详细的流程说明，确保学生能够准确理解和掌握服务流程。

2. 信息透明化

学生应清楚了解心理咨询服务的相关信息，包括咨询师的资质和背景、服务内容和方式、咨询费用等。透明的信息可以增加学生对服务的信任感，降低学生的顾虑和疑虑，提升服务的满意度和效果。

3.反馈和改进机制

为了不断改进服务流程，咨询中心应建立有效的反馈机制。学生可以通过反馈意见和建议，提供对服务流程的改进建议和意见。咨询中心应及时收集和分析学生的反馈信息，针对问题和不足之处进行改进和优化，不断提升服务的质量和效果。

第二节　大学生心理咨询服务的体验感分析

一、服务接触阶段的体验感

（一）初次接触与预约体验

大学生初次接触心理咨询服务的体验感受可以对后续服务产生重要影响。学生在寻求心理咨询服务时，可能会面临种种心理障碍和担忧，如社会压力、情感困扰等。因此，心理咨询中心在初次接触阶段应尽可能降低学生的抗拒心理，提供温暖、安全的环境。

在预约过程中，学生需要填写预约表格或通过线上预约系统进行预约。预约过程应简便、快捷，避免繁琐的流程和等待时间过长的情况。如果预约流程复杂，学生可能会感到沮丧和不耐烦，从而影响其对心理咨询服务的信任和期待。因此，心理咨询中心应致力于简化预约流程，提高学生的预约体验。

（二）咨询师配对与沟通体验

一旦学生预约成功，心理咨询中心应根据学生的需求和问题配对合适的咨询师。咨询师的匹配是否准确直接影响着学生的咨询体验。咨询师应具备良好的沟通能力和同理心，能够与学生建立起亲密、信任的关系。

在咨询过程中，咨询师应倾听学生的心声，耐心倾听学生的问题和困扰，并提供针对性的建议和支持。良好的沟通体验能够增强学生对心理咨询服务的信任感，激发学生的积极性和合作意愿。因此，心理咨询中心应重视咨询师的沟通技巧和配对能力，提高学生的咨询体验和满意度。

（三）咨询环境与氛围体验

除了咨询师的沟通能力外，咨询环境和氛围也对学生的体验感产生重要影响。学生在咨询过程中需要一个安全、舒适的环境，以更好地表达自己的内心感受和情绪。因此，心理咨询中心应提供舒适、私密的咨询室，保障学生的隐私权和心理安全。

咨询室的布置和氛围设计也应符合学生的审美和心理需求，营造出温馨、舒适的氛围。舒适的咨询环境能够帮助学生放松心情，更好地投入到咨询过程中，提高咨询效果和满意度。

二、服务过程中的体验感

（一）接纳和理解体验

在咨询过程中，学生希望能够得到他人的接纳和理解。心理咨询师应尊重学生的个人价值观和生活经历，不带有偏见地倾听学生的诉求和感受。如果学生感到被理解和接纳，他们更容易敞开心扉，与咨询师建立起良好的信任关系，从而更好地接受咨询服务。

（二）解决问题和提供支持体验

学生寻求心理咨询服务的根本目的是解决自己的心理问题和困扰。因此，在咨询过程中，学生希望能够得到有效帮助和支持，解决自己的困难和挑战。心理咨询师应根据学生的实际情况提供针对性的解决方案和应对策略，帮助学生克服困难，重拾信心和勇气。

（三）自我成长和发展体验

除了解决具体的心理问题外，学生还希望通过心理咨询服务实现自我成长和发展。心理咨询师应引导学生认识自己的潜能和优势，培养学生的心理健康意识和能力，帮助他们实现个人成长和发展。良好的咨询体验不仅能够解决学生当前的心理困扰，还能够启发他们更深层次思考和探索，促进个人的全面发展和提升。

三、服务结束后的体验感

（一）反馈和跟进体验

服务结束后，学生希望能够得到咨询师的反馈和跟进。心理咨询师应及时向学生提供咨询结果和建议，并与学生共同制订下一步的发展计划和目标。同时，心理咨询中心还可以通过电话、邮件等方式跟进学生的情况，了解咨询效果和服务满意度。

（二）持续支持和资源分享体验

服务结束后，学生可能仍然需要持续地支持和资源分享。心理咨询中心可以为学生提供相关的心理健康资源和资料，如自助手册、在线课程等，帮助他们继续保持心理健康，并应对未来可能遇到的困难和挑战。同时，心理咨询中心还可以建立学生支持群体或社区，为学生提供互相支持和交流的平台，让他们感受到不再孤单，有人可以倾诉和分享。

（三）满意度评估和改进反馈体验

为了不断提升服务质量，心理咨询中心应该进行服务满意度评估，并接受学生的改进反馈。通过调查问卷、面对面访谈等方式，收集学生的意见和建议，了解他们对服务的满意度和不满意的地方。心理咨询中心应该认真对待学生的反馈，及时进行改进和调整，以提高服务质量和效果。

第三节 大学生心理咨询服务的支持方案分析

一、建立咨询服务平台

（一）平台整合校内外资源

1. 整合校内心理咨询资源

建立咨询服务平台需要整合校内的心理咨询资源，包括学校内部心理咨询中心或部门提供的服务。这些资源通常由专业的心理咨询师组成，可以为学生提供一对一咨询、群体心理咨询、心理健康教育等服务。通过整合校内资源，可以充分利用学校已有的专业人才和设施，为学生提供高质量的心理咨询服务。

2. 引入校外专业机构资源

除了校内资源外，咨询服务平台还应该整合校外的专业机构资源。这些专业机构可能由经验丰富的心理咨询师组成，提供更加个性化、专业化的服务。通过引入校外资源，可以丰富咨询服务的内容和形式，满足不同学生群体的需求，提高服务的多样性和质量。

3.整合线上平台资源

随着互联网技术的发展，线上平台成为大学生获取心理咨询服务的重要途径之一。因此，咨询服务平台还应该整合线上平台资源，为学生提供更加便捷、灵活的服务。线上平台可以提供文字、语音、视频等多种形式的咨询服务，满足不同学生的需求和偏好。通过整合线上平台资源，可以扩大咨询服务的覆盖范围，提高服务的可及性和便利性。

（二）提高服务效率与覆盖范围

1.提高服务效率

建立咨询服务平台可以提高服务的效率。学生可以通过平台进行在线预约、咨询师选择等操作，节省等待时间和沟通成本。平台化的管理和运营可以实现资源共享，避免资源浪费，提高服务的利用率和效率。这样可以更快地响应学生的需求，为他们提供及时有效的心理咨询服务。

2.扩大服务覆盖范围

通过整合校内外资源，咨询服务平台可以扩大服务的覆盖范围。不同地区、不同类型的心理咨询机构都可以通过平台提供服务，为学生提供更广泛、更多样化的选择。这样即使是身处偏远地区或者是特定需求的学生也能够轻松获取到所需的心理咨询服务，实现服务的全面覆盖。

（三）强化平台管理与运营

1.建立统一的服务标准和流程

为了确保咨询服务平台的有效运作，需要建立统一的服务标准和流程。这包括制定服务规范、明确服务流程、规范操作要求等。统一的服务标准和流程可以确保服务的一致性和稳定性，提高服务质量和效率。

2.加强对咨询师和服务质量的监督和评估

为了保证咨询服务的质量，需要加强对咨询师和服务质量的监督和评估。可以建立咨询师资格认证制度，设立专门的监督机构或委员会，定期对咨询师的服务质量进行评估。通过监督和评估，可以及时发现问题和不足之处，并采取相应的改进措施，提高服务的水平和效果。

3.提高用户培训和指导

为了提高平台用户的使用效率和满意度，需要加强用户培训和指导工作。

可以开展相关培训课程、制作操作指南等,帮助用户熟悉平台的功能和操作流程,提高其使用技能和体验感。同时,还可以提供在线客服和技术支持,及时解决用户在使用过程中遇到的问题和困难,提高用户的满意度和忠诚度。

二、加强师资队伍建设

(一)举办专业培训课程

1.培训内容涵盖广泛

专业培训课程应当涵盖心理咨询理论、技术和实践等方面的内容。这些内容包括但不限于心理学基础知识、心理评估工具的使用、咨询技术与方法、心理危机干预等。通过全面系统的培训,咨询师可以建立起扎实的理论基础和丰富的实践经验,为学生提供更加专业、有效的咨询服务。

2.实践操作与案例分析结合

培训课程应该结合实践操作和案例分析,使咨询师能够在实际操作中学习和掌握技能。通过实际案例的分析和解决,咨询师可以更好地理解和应用理论知识,提高解决问题的能力和水平。同时,实践操作也可以帮助咨询师培养自信心和应变能力,提升服务的效果和质量。

3.由资深专家授课

专业培训课程应该由资深的心理咨询专家或相关领域的专家授课。这些专家具有丰富的实践经验和深厚的学术造诣,能够为咨询师提供权威、专业的指导和建议。他们的授课不仅可以传授理论知识,更能够分享实践经验和行业内的最新动态,为咨询师的专业成长提供有力支持。

(二)开展学术交流活动

1.促进行业内交流与合作

学术交流活动的开展可以促进心理咨询行业内的交流与合作。通过组织研讨会、讲座、工作坊等活动,咨询师可以与同行进行深入的学术讨论和经验分享,从中汲取新知识、拓展思路。这种交流与合作有助于促进行业内的良性竞争和共同进步,推动整个行业的发展。

2.提升专业视野与知识更新

学术交流活动的开展还可以帮助咨询师提升专业视野,更新知识和技能。

参与国内外专家学者的学术讲座和研讨会，可以了解到最新的研究成果和理论进展，拓宽专业视野，开阔思路。同时，还可以通过与同行的交流，分享实践经验，探讨解决问题的有效方法，促进个人和行业的进步与发展。

3.建立行业内的合作网络

通过学术交流活动的开展，可以建立起行业内的合作网络。咨询师可以结识更多的同行和相关专家，建立起长期稳定的合作关系。这种合作网络不仅可以为咨询师提供资源共享和信息交流的平台，还可以为学生提供更广泛、更多样化的服务选择，促进心理咨询行业的良性发展。

（三）专业认证与持续教育

1.推行专业认证制度

为了保障心理咨询服务的质量和效果，可以推行专业认证制度。咨询师需要通过专业认证考试和评审，获取心理咨询师资格证书。专业认证制度可以确保咨询师具备必要的专业知识和技能，具有从业资格和权威认证。

2.实施持续教育机制

除了专业认证外，还应实施持续教育机制，要求咨询师进行定期的持续教育。持续教育可以帮助咨询师跟上心理咨询领域的最新发展和趋势，不断更新知识和技能，提高服务水平和专业素养。咨询师可以通过参加专业培训课程、学术研讨会、在线学习等方式进行持续教育，积累学分并保持专业资格的有效性。

3.注重实践与反思

持续教育不仅要求咨询师学习新知识，还需要注重实践和反思。咨询师应将学到的理论知识与实际工作相结合，不断探索和实践有效的咨询技术和方法。同时，还应不断反思自己的咨询实践，总结经验教训，发现问题并及时加以改进，以提升服务质量和效果。

三、设计心理咨询系统

（一）大学生心理健康咨询系统特点

以计算机技术为基础的大学生心理健康咨询服务系统，具体包含在线心理咨询、在线心理测评、在线非实时心理咨询、咨询呈现等功能模块。采用现代计算机技术的大学生心理健康咨询服务系统作为新型的咨询方式，其表现出的特点是：更强的私密性、更平等的咨询双方关系、更广泛的被辅导者范围、更方便的咨询方式以及更顺畅的咨询过程。

（二）大学生心理健康咨询系统需求分析

建立在计算机技术基础之上的高校大学生心理健康咨询系统，本质上是一个能够为各类高校学生提供心理健康咨询服务的网络平台。其具体功能如下：

1.咨询信息发布

咨询信息发布是学生心理健康咨询系统的重要功能之一，旨在为学生提供及时、准确的咨询信息。该系统应当具备以下特点：

（1）信息分类与归档：咨询信息应当按照主题、类型等进行分类和归档，方便学生查找和获取相关信息。系统管理员可以对咨询信息进行管理和更新，保持信息的及时性和准确性。

（2）多样化咨询资源：咨询信息不仅包括文字资料，还应包括图片、视频等多媒体形式的资源，以满足学生不同形式的获取需求。

（3）信息可信度验证：对于发布的咨询信息，系统应当进行可信度验证，确保信息来源可靠、权威，避免误导和不实信息的传播。

2.在线心理测验

在线心理测验是学生心理健康咨询系统的重要功能之一。通过心理测验评定学生的心理状态，提供个性化的心理健康建议。该系统应当具备以下特点：

（1）多样化测验选择：提供多种心理测验工具，涵盖焦虑、抑郁、压力等不同方面，学生可以根据自身需要选择适合的测验进行评估。

（2）个性化测验结果解读：系统应当能够根据学生的测验结果，提供个性化的解读和建议，指导学生进行心理调适和问题解决。

（3）隐私保护：学生的测验结果应当受到严格的隐私保护，确保个人信息不被泄露和滥用。

3.在线心理咨询交流

在线心理咨询交流是学生心理健康咨询系统的核心功能之一。通过即时消息功能为学生提供在线沟通平台，使学生能够方便地与心理咨询师进行沟通和交流。该系统应当具备以下特点：

（1）即时沟通：提供即时消息功能，学生可以随时随地与心理咨询师进行沟通，及时获取心理支持和建议。

（2）安全保密：学生的沟通内容应当受到严格的保密和安全保护，确保信息不被第三方窃取和泄露。

（3）专业咨询团队：系统应当配备专业的心理咨询团队，确保学生获得高质量的咨询服务和支持。

4.在线视频浏览

在线视频浏览是学生心理健康咨询系统的重要功能之一。通过上传心理学相关视频，为学生提供多样化的学习资源和心理知识。该系统应当具备以下特点：

（1）丰富多样的视频资源：提供包括心理学课程、心理健康知识、心理治疗技巧等在内的丰富视频资源，满足学生不同方面的学习需求。

（2）视频分类管理：将视频按照主题、类型等进行分类管理，方便学生查找和获取相关视频资源。

（3）播放和下载功能：学生可以在线观看视频，也可以选择下载到本地进行学习和反复观看。

5.资料的统计与分析

资料的统计与分析是学生心理健康咨询系统的重要功能之一。通过对用户数据进行统计和分析，为心理咨询师提供决策支持和指导。该系统应当具备以下特点：

（1）数据收集与存储：系统可以收集和存储学生的咨询信息、心理测验结果、交流记录等数据，形成完整的用户信息。

（2）数据分析功能：系统应当具备数据分析功能，能够对收集的数据进行统计和分析，包括学生心理健康状况、咨询需求趋势、常见心理问题等方面的分析，为心理咨询服务提供决策支持和指导。

（3）个性化报告生成：系统可以根据数据分析结果生成个性化的报告，为学校管理者、心理咨询师和学生提供相关数据的可视化展示和解读，帮助他们更好地了解学生的心理健康情况和需求。

6.数据检索

数据检索是学生心理健康咨询系统的重要功能之一，学生可以根据自己的需求进行心理知识的检索和下载。该系统应当具备以下特点：

（1）多种检索方式：提供关键词检索、分类检索等多种方式，学生可以根据自己的需求和偏好进行信息检索。

（2）信息展示和下载：检索结果应当以列表或图表的形式展示，学生可以浏览检索结果，并选择下载或查看详细信息。

（3）信息更新和维护：系统应当定期更新和维护检索数据库，保持信息的及时性和准确性，确保学生获取到的信息具有参考价值。

7. 心理预约

心理预约是学生心理健康咨询系统的重要功能之一，学生可以在网上按照自己的空闲时间进行咨询预约，以满足学生的多种需求。该系统应当具备以下特点：

（1）在线预约系统：提供在线预约功能，学生可以选择心理咨询师和预约时间，进行预约。

（2）预约管理：系统应当对学生的预约信息进行管理和调度，保证咨询师资源的合理分配和利用。

（3）预约提醒功能：系统可以提供预约提醒功能，及时提醒学生咨询的时间和地点，确保预约的准时进行。

（三）大学生心理健康咨询服务系统总体设计

1. 系统软件层次架构设计

在开发高校大学生精神卫生信息服务体系时，要确定心理咨询服务系统的总体设计，具体的系统架构设计如图4-1所示。

图4-1 心理健康咨询系统软件层次架构图

2.系统功能模块设计

该系统以功能需求为导向,对具体的功能模块进行分类规划。心理管理模块提供登录注册、个人信息、问题反馈、完成认证等功能;咨询呈现模块提供资讯速览、信息公告功能;在线心理测评模块提供评测列表及评测详情查看、在线评测功能;在线非实时心理咨询模块提供非实时咨询发布、非实时咨询查询、非实时咨询恢复功能;心理咨询预约模块提供预约查询、预约操作、预约评价功能;在线实时心理咨询模块提供实时资讯查询、实时咨询功能。

(1)心理管理模块

心理管理模块是系统的核心模块,提供学生的登录注册、个人信息管理、问题反馈、认证等功能。具体功能包括:

①登录注册:学生可以通过注册账号并登录系统,以便使用系统提供的各项服务。

个人信息管理:学生可以在该模块中管理个人信息,包括基本资料、联系方式、个人偏好等。

②问题反馈:学生可以向系统提交问题反馈,包括对系统功能的建议、意见或出现的问题反馈。

③完成认证:学生可能需要完成认证以确保系统安全性和数据隐私,如进行学生身份认证。

(2)咨询呈现模块

咨询呈现模块提供资讯速览和信息公告功能,旨在为学生提供丰富多彩的心理健康资讯和通知信息。具体功能包括:

①资讯速览:学生可以浏览系统发布的心理健康资讯、文章、视频等内容,获取心理健康知识和技巧。

②信息公告:系统可以发布重要通知、活动安排、心理健康活动等信息,以便学生及时获取相关信息。

(3)在线心理测评模块

在线心理测评模块提供测评列表、测评详情查看和在线评测功能,帮助学生了解自己的心理健康状况并提供个性化的心理测评服务。具体功能包括:

①评测列表查看:学生可以浏览系统提供的各类心理测评项目,了解评测内容和目的。

②评测详情查看：学生可以查看具体评测项目的详细介绍、评测流程和结果解读。

③在线测评：学生可以在线进行心理测评，系统根据学生的答题结果生成测评报告，并提供相关建议和指导。

（4）在线非实时心理咨询模块

在线非实时心理咨询模块提供非实时咨询发布、查询和恢复功能，为学生提供灵活的心理咨询服务。具体功能包括：

①非实时咨询发布：学生可以在系统平台上发布心理咨询需求，描述问题并期待专业心理咨询师的解答。

②非实时咨询查询：学生可以查看自己发布的心理咨询问题的处理进度和专业心理咨询师的回复。

③非实时咨询恢复：专业心理咨询师可以在系统上回复学生发布的咨询问题，提供相关建议和支持。

（5）心理咨询预约模块

心理咨询预约模块提供预约查询、预约操作和预约评价功能，帮助学生预约心理咨询服务并评价咨询效果。具体功能包括：

①预约查询：学生可以查询系统上已有的心理咨询服务时间和咨询师资源，并选择合适的时间进行预约。

②预约操作：学生可以在系统上进行心理咨询的预约操作，选择心理咨询师和预约时间，并提交预约请求。

③预约评价：学生在完成心理咨询后可以对咨询师的服务进行评价和反馈，帮助其他学生选择合适的咨询师和心理咨询服务。

（四）重点功能模块详细设计

1. 心理健康测评模块

在线心理评测模块主要提供比例详图及评测结果查看、评估结果存储等功能，该模块功能实现流程如图4-2所示。

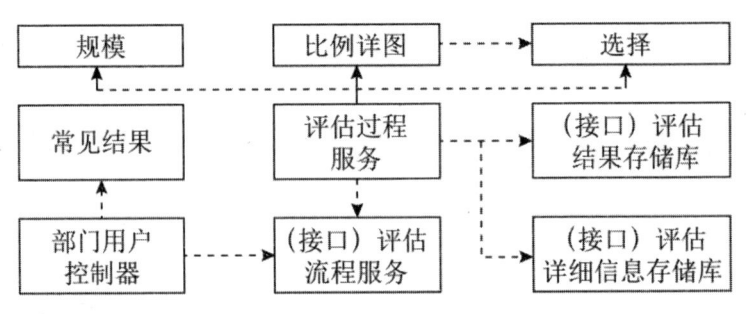

```
规模 ←→ 比例详图 ----→ 选择
  ↑              ↑              ↑
  |              |              |
常见结果      评估过程       （接口）评估
              服务           结果存储库
  ↑              ↑              ↑
  |              |              |
部门用户 ----→ （接口）评估 ----→ （接口）评估
控制器          流程服务         详细信息存储库
```

图 4-2　在线心理评测模块类图

2.在线实时咨询模块

在线实时咨询模块是大学生与心理咨询服务教师进行沟通及交流的重要渠道，具有实时性特点。得益于在线咨询的实时性，在回答心理健康问题时会更具弹性和灵活性，且在线实时咨询模块实现数据交换的方式与评测的实时方式相同，对应的接口如表 4-1 所示。需要关注的是，在网络在线咨询功能中普遍存在一种问题，即由于使用者的个人原因，或是由于其他原因，使得使用者和心理医生的即时对话被打断。

表 4-1　在线实时咨询模块主要接口表

接口名	请求方法	反馈参数含义
ctSC	POST	用户在线咨询
crSC	POST	专家在线回复
sM	POST	用户发送问题
sS	GET	实时对话标识

为了防止因使用者的非主观意愿而造成谈话内容的丢失，设定模式可以让使用者在某一段时间内，通过创建新的谈话内容，并且将其过去的谈话内容重新加载，实现不间断交流的效果。

四、提升服务质量

（一）建立服务评估机制

1.定期评估与监测

建立服务评估机制是提升大学生心理咨询服务质量的重要举措之一。通过定期对咨询服务进行评估和监测，可以全面了解服务的实施情况，及时发现存在的问题和不足之处。评估内容应包括咨询师的服务态度、专业水平、服务效果以及学生的满意度和反馈意见等方面。这样可以确保服务质量得到客观、全面评价,为改进服务提供科学依据。

2.发现问题并采取改进措施

通过评估结果,能够及时发现存在的问题和不足之处,为改进服务提供指导。根据评估结果,可以制订相应的改进计划和措施,针对性解决存在的问题。例如,针对咨询师的培训需求或服务流程的不顺畅等方面进行调整和改进,以提高服务质量和效果。

(二)完善服务流程与标准

1.建立标准操作流程

为提高服务的标准化和规范化水平,应完善大学生心理咨询服务的流程与标准。建立标准操作流程,明确各个环节的职责和要求,确保服务的稳定性和一致性。例如,建立预约、评估、咨询、跟进等环节的操作规范,确保服务的顺利进行和质量控制。

2.制定服务标准与评价指标

建立服务标准,明确服务的质量要求和评价指标,是提升服务质量的重要举措之一。服务标准应包括服务的基本原则、伦理准则、技术要求等内容,为提供高质量的心理咨询服务提供有力支撑。同时,制定评价指标,可以对服务的质量进行量化评估,及时发现问题和改进空间。

(三)加强服务监督与反馈

1.设立监督机构或委员会

为保障大学生心理咨询服务的质量和效果,需要建立专门的监督机构或委员会,负责对服务进行监督和评估。监督机构可以定期对心理咨询中心的运作情况进行检查和评估,包括咨询师的服务质量、服务流程的执行情况等方面。这样可以确保服务的规范执行和质量控制。

2.建立学生投诉渠道与反馈机制

建立学生投诉渠道和反馈机制,可以鼓励学生积极反映心理咨询服务中存在的问题和不满意的地方。学生的反馈是改进服务的重要来源,应当认真对待并及时处理。建立有效的反馈机制,可以增强学生的参与感和满意度,促进服务质量的持续提升。

五、建立心理危机干预常态化机制

（一）遵循危机干预的原则

根据突发公共事件造成的心理危机发展规律，高校在构建大学生心理危机干预的常态化机制时应遵循以下原则。

1. 及时干预原则

由于突发事件的突发性、不确定性和不可预测性，事件一旦发生，学生必然会表现出高度的焦虑、紧张和极度的无助感，为了消除这种心理反应，学生们会在群体之间相互传播和解压，结果导致更大范围的恐慌、无助和不确定感。所以必须及时发现问题，确定问题，并采取有效措施，防止心理危机的传播和扩散。首先，及时干预要求敏锐地发现问题。学校应建立起完善的监测系统。通过观察学生的行为、情绪变化、言谈举止等，及时察觉到可能存在的心理问题。这需要学校心理健康服务中心、辅导员和其他相关人员保持警惕，定期进行心理健康状况的评估和监测。其次，及时干预需要确定问题的性质和严重程度。一旦发现学生出现心理问题，需要尽快进行准确定性评估，确定问题的性质、影响范围和严重程度。这需要依托专业的心理评估工具和方法，对学生的心理状态进行科学分析，确保干预措施的针对性和有效性。同时，及时干预要求采取有效措施。一旦确定了问题的性质和严重程度，学校应立即采取相应的干预措施，包括提供心理支持、开展心理教育、组织心理咨询等。针对不同的心理问题，需要设计和实施相应的干预方案，确保及时、有效地解决学生的心理困扰。最后，及时干预需要预防心理危机的传播和扩散。学校应建立健全心理危机应对机制，包括建立紧急应急预案、培训应对突发事件的应急队伍等。此外，要加强对学生心理健康的教育，提高学生的心理抗压能力和应对能力，减少心理危机的发生和蔓延。

2. 现实性原则

随着突发公共事件的发酵，各种信息传播的变形，导致信息的真实性难以判断，心理尚未成熟的学生群体不仅无所适从，迷茫无助，且心理承受能力也会变弱。因此，对学生群体心理危机干预的重点应放在当下，帮助学生群体分析事件的性质和他们在事件中的角色，指出他们当前认知、情绪和行为的不合理性。为学生科普正确的相关知识，说明突发公共事件产生的原理和危害，减少学生的心理负担，缓解其心理压力。

3. 教育与危机干预协同活动的原则

本着"一切为了学生，为了一切学生"的教育理念，高校各个部门，如思政、学生工作、学生生活管理、心理健康、各系部或二级学院辅导员等多个部门应协同运行，对学生的学习、生活及思想意识等方面全面关怀、关注，进行正确的心理引导，形成一张综合的、能为学生"托底"的人文关怀大网，构建科学合理的心理危机干预机制，为学生的心理安全提供保障。

（二）构建科学合理的心理危机常态化干预体系

1. 重视突发公共事件下大学生心理危机干预的预警机制构建

（1）组建一支专业的心理危机干预救助团队

专业力量是心理危机干预中的核心力量。心理危机干预具有极强的专业性，有的心理干预作用不大或没有效果的主要原因就是干预措施的规范性和专业性欠缺所致。所以危机干预人员的专业素养在危机干预中起着至关重要的作用，如果干预不当，大学生不仅得不到及时有效帮助，反而会加重心理危机。因此，各高校应加强心理危机干预人员的配备和专业素质的提高，进行规范的职业培训和职业评估，提高干预人员的专业水平和服务质量。例如，加大对心理危机干预专业人才的培养和引进力度，提高现有干预人员的专业素养和技能水平等。同时，可邀请专业的心理危机干预专家担任顾问或指导教师，指导干预工作的开展，确保危机干预人员工作的准确性和有效性。

（2）建立大学生个人心理档案

通过建档分析大学生个体的各项心理指标及人格倾向，对一些易感人群给予更多关注。首先，建立大学生的个人心理档案需要收集和整理学生的各项心理指标数据。这些数据可以包括心理健康评估结果、情绪状态记录、应激事件反应等。通过收集这些数据，学校可以建立起学生心理健康的基础档案，了解学生的整体心理状况和变化趋势。其次，个人心理档案应该包括对学生人格倾向的分析。通过心理测试和评估工具，可以对学生的人格特征进行科学测量和分析，包括性格特点、行为倾向等方面。这些分析结果可以帮助学校更好地理解学生的个性特点和心理特征，为针对性的心理干预和支持提供依据。在建立个人心理档案的过程中，需要注意保护学生的隐私和个人信息安全。学校应该建立严格的信息保密制度，确保学生的个人信息不被泄露和滥用。同时，建立档案的目的是更好地为学生提供服务和支持，而不是用于歧视或限制学生的发展。最后，建立个人心理档案需要持续更新和完善。随着学生心理状态的变化和成长，个人心理档案也需要不断更新和调整，以确保提供的服务和支持能够与学生的实际需求相匹配。因此，学校需要建立起完善的档案管理机制，确保档案数据的及时更新和有效利用。

（3）构建系统、高效的预警干预机制，以应对灾难事件中大学生的心理危机问题

很多高校建立了突发公共事件下学生群体心理危机预防和干预体系，完善了学校心理咨询中心—院系辅导员—班级心理委员—宿舍成员等四级应急网络机制。学校心理咨询中心通过心理排查确定需要关注的对象，再将结果反馈给院系辅导员，辅导员通过个别谈话、组织心理委员召开主题班会及时关注和了解学生的心理动态，宿舍成员关心学生，主动沟通，将结果及时反馈给辅导员。

第一，建立四级应急网络机制。这一机制包括学校心理咨询中心、院系辅导员、班级心理委员和宿舍成员等四级组织，形成了一个覆盖全校的心理危机预警和干预网络。学校心理咨询中心负责对学生的心理状况进行排查和评估，确定需要关注的对象，并将结果反馈给院系辅导员。院系辅导员则通过个别谈话、组织心理委员召开主题班会等方式及时关注和了解学生的心理动态。同时，宿舍成员也积极关心学生，主动沟通，将心理状况反馈给辅导员。这一四级机制使得心理危机预警工作能够全面、及时地覆盖学校的各个角落。

第二，强调预警机制的高效运作。当灾难事件发生时，各项危机干预资源需要立即启动、高效运作和灵活调配，以确保易感个体能够在第一时间得到专业力量的关心和关注。这需要学校建立起完善的危机干预预案和紧急响应机制，明确各个部门和人员的职责和任务，确保资源的合理利用和快速响应。

第三，强调跨部门、跨学科的合作与协同。心理危机的应对需要各个相关部门之间的密切合作和协同配合。除了心理咨询中心和辅导员团队之外，还应该引入其他相关专业力量，如心理学、社会工作、医学等领域的专家，形成跨学科的协作团队，共同制定和实施有效的危机干预方案。

2.突发公共事件下心理危机干预工作的主动、全面干预

（1）第一阶段：危机评估

目前国际国内较为认可并常用的危机评估模型主要有三维筛选评估模型、

阶段性的评估模型、人与环境互动的评估模型三种。

第一，三维筛选评估模型关注个体在认知、情感和行为三个方面的功能水平。这种模型通过评估个体的认知功能、情感状态和行为表现，判断其是否处于心理危机状态。认知方面的评估可以包括个体的思维清晰度、注意力集中程度等；情感方面的评估则关注个体的情绪稳定性、焦虑程度等；而行为方面的评估则包括个体的行为反应、社交能力等。通过综合评估这三个方面，可以更全面地了解个体的心理状态，为后续的干预提供依据。

第二，阶段性的评估模型评估个体处于从出现应激反应到反应消除或恶化的哪一阶段。这种模型将心理危机划分为不同的阶段，如初始反应阶段、应对阶段和恢复阶段等，通过观察个体所处的阶段制定相应的干预策略。例如，在初始反应阶段，个体可能表现出情绪波动、认知困扰等，需要进行情绪稳定和认知疏导的干预；而在恢复阶段，个体可能需要更多的支持和鼓励，以帮助其重新建立信心和积极态度。

第三，人与环境互动的评估模型主要评估个体的应激表现及其影响因素。这种模型强调个体与外部环境的互动关系，认为个体的心理状态受到环境的影响，而环境的变化也会影响个体的心理状态。因此，评估个体的心理危机需要考虑到其所处的环境因素，如家庭、社交关系、学业压力等，以全面了解个体的心理状态。

（2）第二阶段：探索多样化的心理危机干预手段介入干预

突发公共事件下的心理危机干预不同于日常的心理咨询和危机干预，日常的心理咨询和危机干预多数是个体的，而突发公共事件下的心理危机多数是群体性的。所以干预手段也有其特殊性，应根据学生集群性的特点而呈现多样化。除了传统的心理疏导、认知行为治疗等手段以外，还可以尝试以下几种方式。

①实施团体心理辅导，进行整体干预

团体辅导是一种通过小组讨论、交流和支持来帮助人们应对心理压力和困难的方法。在团体辅导中，心理咨询师组织一个求助者小型团队，首先让成员们互相交流各自的情况和感受，接着咨询师向小组成员讲解应激反应的相关知识，引导求助者克服负面情绪，积极面对恐惧和焦虑，讨论积极的应对方式。最后总结洽谈过程，留下进一步服务的有关信息。这样的团体辅导对于减轻危机事件引起的心灵创伤、保持内环境稳定有着重要意义。

②制定个性化的干预方案

根据大学生的不同情况和需求,制定个性化的干预方案,提供有针对性的心理支持和帮助。团体辅导适用于部分有相似心理问题的求助者,但不同的求助者有不同的需求和反应,需要个性化的干预方案。因此,在开展团体辅导前,需要仔细分析评估求助者的具体情况和需求,根据各自情况选择合适的方案,提供减轻应激反应的策略,以确保干预效果。

③CISM技术

目前,国际上应用最广泛的技术当数严重突发事件应激管理技术,即CISM技术。CISM是一种危机干预中的心理支持技术,它通过专业的技术支持,联合多个相关部门,帮助受害者恢复心理平衡,缓解负面情绪和行为。用于处理和缓解由紧急事件、灾难或创伤性事件引起的心理压力。它包括评估、干预、共情、支持、放松、药物治疗等其他干预措施,具体采用哪一种措施取决于个体的需求和具体情况。

④暴露疗法

暴露疗法是一种心理治疗技术,即通过让患者暴露于恐惧、焦虑等负面情绪的刺激情境来帮助他们逐渐耐受并适应这些情绪,恢复自信和安全感。暴露疗法对创伤后应激障碍有较好的治疗效果。

⑤加强社会支持系统的建设

大学生在面临心理危机时,往往会感到孤独、恐惧和焦虑,社会支持系统能够为他们提供情感上的支持和安慰,帮助他们缓解负面情绪,增强自我认知、自我救助和自我成长的积极性(如亲人、朋友、同学的陪伴、安慰、资源共享等帮助他们战胜困难),有效消除心理危机带来的不良影响。为此,学校应加强与社会相关部门的沟通、合作,为大学生提供安全的住宿环境、经济援助、法律咨询等,为大学生解决实际困难,帮助他们克服心理障碍,重新回归正常生活。班主任或辅导员应主动关心学生,积极帮助他们了解自身的心理状态和问题,提高应对和处理类似情况的能力。通过鼓励、支持和帮助等方式,使大学生增强自信心,树立积极的心态和价值观,促进其健康成长和发展。

3.加强后期的干预评估和跟踪反馈

在高校应对突发事件后的心理危机干预中,加强后期的干预评估和跟踪反馈是至关重要的一环。这一阶段的工作不仅可以帮助学校了解干预效果,还可以及时发现潜在问题并提供后续支持和服务，从而确保学生的心理健康得到全面关注和照顾。

首先，高校可以与专业的心理评估团队合作，运用科学的心理测验方法对学生进行心理危机表现和干预效果的评估。这些评估可以涵盖情绪状态、心理健康水平、应对能力等方面，从多个角度全面评估学生的心理状态和变化。通过专业的评估，学校可以更准确地了解学生的心理状况，为后续的干预和支持提供科学依据。其次，评估的结果需要及时反馈给学校的专业心理咨询中心，以便他们能够针对评估结果制定个性化的后续服务方案。这包括根据评估结果对学生进行分类管理，针对不同群体提供不同形式的心理支持和治疗。同时，学校可以通过建立心理危机干预的长效机制，持续关注学生的心理状态变化，并根据需要进行及时调整和干预。最后，后期的跟踪调查也是至关重要的。学校可以通过定期组织调查问卷、开展重点关注小组讨论等方式，了解学生的心理状态变化和需求变化，及时发现和解决问题。此外，学校还可以建立学生心理健康档案，记录学生的心理卫生情况和干预效果，为学校提供长期的心理健康管理和服务参考。

第四节 大学生心理咨询服务的相关关系分析

一、心理咨询服务需求量与心理健康状况

（一）大学生心理健康咨询服务的内涵

对于高校心理咨询服务工作而言，首要任务就是要对大学生心理健康咨询服务内涵进行重新定位。尽管在研究领域对高校大学生心理健康服务的内涵尚存分歧和争论，但是从近年的具体工作实践看，大学生心理健康教育与咨询工作已经呈现出"以问题为本"的危机干预模式向"以发展为本"的健康促进模式转化的趋势。从教育的本质看，所有教育活动都是为了人的发展，一切教育工作也都必须围绕学生的健康成长、全面发展而展开，都必须遵循教育教学发展规律、尊重学生身心发展规律，促进学生全面、持续发展。从大学生心理发展特点看，不论时代背景、社会环境如何变化，很多时候人的心理问题与思想问题是交织在一起的，因此在心理健康教育与咨询过程中，不可简单地将其与

思想政治教育割裂分开。

1. 从问题导向到健康促进模式的转变

在高校心理咨询服务中，对大学生心理健康咨询服务内涵的重新定位是当务之急。尽管在学术研究中存在对高校大学生心理健康服务内涵的争论，但近年的实践表明，大学生心理健康教育与咨询工作正逐渐转变，从以问题为中心的危机干预模式，向以发展为本的健康促进模式迈进。这种转变背后反映了对教育本质的重新认识。教育的目的在于促进个体的全面发展，因此心理健康教育与咨询工作必须与学生的健康成长紧密相连。这也意味着必须理解并尊重学生身心发展规律，以促进其全面、可持续发展为出发点。

2. 融合思想政治教育与心理健康服务

大学生的心理发展与思想问题常常交织在一起。因此，无法简单地将心理健康教育与思想政治教育割裂开来。相反，两者应有机结合，共同为学生的心理成长和全面发展提供支持。这种结合要求从学生的心理特点和成长需求出发，运用多学科知识和专业化的咨询技术。通过个体咨询、团体辅导、社会实践等多种形式、多种渠道、多种途径的交流、沟通、互动，激发学生的逻辑思维，启迪其潜在力量。

3. 实现师生共同成长

大学生心理健康咨询服务的最终目标是促进大学生心理健康水平的提升，并实现师生双方的共同成长进步。这需要不断改进咨询方法，因材施教，分类指导，以实现个性化的改造。同时，也需要不断提升学生对生命意义和存在价值的认知，从而增强他们的心理健康水平。在这个过程中，师生之间的互动与交流至关重要。教师不仅是知识的传递者，更是学生心理健康的引导者和支持者。通过与学生的密切互动，师生可以相互促进，实现共同成长。这种共同成长不仅体现在学生心理健康水平的提升上，更体现在教师自身专业水平和教育理念的不断深化和完善上。

（二）大学生心理咨询服务需求层次划分

在实际的咨询工作中，一般可分为四个层级的咨询服务需求：

1. 第一层级：发展咨询服务需求

（1）自我成长的追求

在这个层级，学生希望通过咨询了解心理健康方面的信息，主动获取增强自我调控能力、完善自我的方法与建议。他们渴望提高某些方面的心理素质，以实现个人成长和发展的目标。

（2）服务内容

发展咨询服务注重于提供心理健康知识的传授和心理调适技巧的培养。心理咨询师在此层级需要针对学生的需求，提供个性化的指导和建议，帮助他们建立自信、调节情绪、解决问题，从而促进其自我成长和发展。

2. 第二层级：压力缓解咨询服务需求

（1）预防与缓解心理压力

在这个层级，学生希望通过咨询缓解心理压力，化解困惑，从中得到启发以实现自我调节，保持健康的心理状态。这些学生可能面临着学业压力、人际关系问题、职业规划困惑等。

（2）服务内容

压力缓解咨询服务注重于帮助学生识别和应对压力源，并提供有效的应对策略。心理咨询师需要与学生建立信任关系，倾听其心声，引导他们寻找解决问题的方法，提高其积极应对压力的能力，以维护其心理健康。

3. 第三层级：心理疏导与危机干预服务需求

（1）解决心理不适与障碍

这一层级的学生已经出现心理不适或心理障碍症状，需要通过心理疏导和危机干预寻求解脱。他们可能面临着焦虑、抑郁、恐慌等心理健康问题，影响到他们的学习、生活和人际关系。

（2）服务内容

心理疏导与危机干预服务强调在学生心理危机出现时给予及时支持和干预。心理咨询师需要具备专业的心理评估技能和危机处理能力，与学生建立紧密联系，为其提供安全的倾诉环境，引导其面对问题，寻求解决方案，并促进其心理健康的恢复与发展。

4. 第四层级：精神疾病诊治转介服务需求

（1）精神疾病诊治转介

在这个层级，学生已经表现出明显的心理失调症状，需要通过医学手段按照相关法律和标准进行精神疾病诊治。这些学生可能面临着严重的精神健康问题，需要专业医生进行诊断和治疗。

（2）服务内容

精神疾病诊治转介服务要求心理咨询师能够准确判断学生的症状，将符合诊治标准的学生及时转介至专门的精神科门诊。此时，心理咨询师需要与专业医生合作，共同制定诊治方案，为学生提供必要的医疗服务和心理支持，以帮助其尽快康复。

二、心理咨询服务与学业成绩

（一）学业成绩与心理咨询服务利用情况的关系

1. 学业成绩反映心理健康状态

第一，学业成绩反映了学生在学习过程中的表现和状态。心理健康状况良好的学生往往能够保持较高的学习动力和积极的学习态度，能够有效地集中注意力、掌握学习内容，从而取得较好的学业成绩。相反，当学生面临着心理问题，如学习焦虑、抑郁等情绪困扰时，他们可能会出现学习动力不足、注意力涣散、记忆力减退等现象，导致学习成绩的下降。因此，学业成绩的变化可以反映出学生的心理健康状况是否良好。

第二，学业成绩的变化也可能成为发现学生心理健康问题的重要线索。学生的学习表现往往与其心理状态密切相关，学业成绩的下降可能是由于心理问题所致。例如，学生可能因为面对学习压力而产生焦虑情绪，导致学习效率降低，从而影响到学业成绩。因此，当学生的学业成绩出现明显的下降或波动时，可能需要对其进行心理健康方面的评估和干预，以排除潜在的心理问题。

第三，学业成绩的变化还可能与学生的心理健康问题有着复杂的双向关系。心理健康问题可能不仅影响学业成绩，而且学业成绩的变化也可能进一步影响学生的心理健康。例如，学生在面对学业压力时可能出现焦虑情绪，导致学习成绩下降；而学业成绩的下降可能又会进一步加剧学生的焦虑情绪，形成恶性循环。因此，及时发现并处理学生的心理健康问题，对于维护学业成绩和促进其全面发展具有重要意义。

2. 学业压力与心理咨询服务利用情况的关系

学业压力与心理咨询服务利用情况之间存在着紧密的关联。第一，随着学业压力的增加，学生对心理咨询服务的需求也随之增加。学生可能会感到无法单独面对学业压力所带来的挑战,需要借助心理咨询师的帮助来应对和解决。他们可能会寻求心理咨询服务来缓解焦虑情绪、调节情绪状态,以及获取应对学业压力的有效策略和技巧。心理咨询服务可以为他们提供专业的心理支持和指导,帮助他们理清思路,重建信心,更好地应对学业压力所带来的挑战。

第二,学业压力的增加也可能会引起学校和社会对心理咨询服务的重视和投入。面对学生心理健康问题日益凸显的现实,学校和社会可能会加大对心理咨询服务的支持力度,提供更多的资源和机会供学生利用。这包括增设心理咨询中心、招聘更多的心理咨询师、举办心理健康宣传活动等,以满足学生不断增长的心理咨询需求,特别是在面对学业压力时。

第三,心理咨询服务的普及和宣传也会促使学生更多地利用这一资源。随着心理健康意识的增强和社会对心理健康问题的关注度不断提升,学校和社会对心理咨询服务的宣传力度也在加大。学生可能会因此更加了解到心理咨询服务的存在和重要性,并更愿意主动寻求帮助,尤其是在面对学业压力等心理困扰时。

3.心理咨询服务对学业成绩的影响

第一,心理咨询服务能够帮助学生更好地应对学业压力。在现代社会,学生面临的学业压力可能来自课业负担的增加、竞争激烈的学术环境,以及对未来的担忧等多方面因素。这种压力可能会引发学生的焦虑、紧张等心理问题,从而影响其学习状态和学业表现。通过心理咨询服务,学生可以获得情绪管理、压力释放等方面的指导和支持,学会有效地应对学业压力,从而降低焦虑情绪对学习的干扰,提升学习效率。

第二,心理咨询服务有助于调节学生的情绪状态,提升其学习动力和专注力。学生的情绪状态对学习有着重要的影响,良好的情绪状态有助于提升学习动力、增强学习兴趣,从而更加专注于学习任务,提高学习效果。心理咨询服务通过情绪调节、认知重建等技术,帮助学生理解和应对负面情绪,提升积极情绪,增强学习动力,有助于学生更好地投入到学习中去。

第三,心理咨询服务还可以促进学生的心理健康发展。学生的心理健康状况直接关系到其学习效果和学业成绩。心理健康良好的学生更容易应对学习中的挑战,更具有应对困难的能力。通过心理咨询服务,学生可以解决心理问题,增强自信心,树立正确的学习态度,从而提升学业成绩。

4.心理咨询服务利用情况与学业成绩的关系研究

研究表明，学生积极利用心理咨询服务与其学业成绩之间存在着密切的关联性。这一发现不仅为心理咨询服务在学业成绩提升中的作用提供了实证支持，也为学校和社会提供了重要的参考，指导更有效地支持学生的心理健康和学业发展。

第一，积极利用心理咨询服务的学生通常能够更好地应对学习中的各种挑战和困难。在学业过程中，学生可能面临诸如学习焦虑、自我怀疑、压力过大等心理问题，这些问题会直接影响他们的学习效果和成绩表现。通过及时的心理咨询服务，学生可以获得专业的心理支持和指导，学会有效地应对这些心理问题，从而更好地投入到学习中去，提高学习效率。

第二，心理咨询服务有助于改善学生的学习态度和行为习惯，进而促进学业成绩的提升。心理咨询师通过与学生的交流和引导，帮助他们建立正确的学习态度，树立学习目标，制订学习计划，并培养积极的学习行为习惯。这些积极的学习态度和行为习惯将直接影响到学生的学习效果和成绩表现。

第三，心理咨询服务还可以提供个性化的学习支持和指导，有针对性地帮助学生克服学习中的困难和障碍。不同学生面临的学习问题和心理障碍各不相同，因此需要针对性地进行个性化的心理咨询和支持。通过了解学生的学习特点、心理需求和困难所在，心理咨询师可以制定相应的干预方案，为学生提供更有效的学习支持，促进其学业成绩的提升。

（二）心理咨询服务对学业成绩的积极影响

1.学习压力管理的重要性

随着现代社会的竞争日益激烈和学业要求的不断提高，学生面临的学习压力也愈发显著。良好的学习压力管理能力不仅有助于学生有效地应对挑战，还可以促进他们的心理健康和学业成就。

第一，学习压力管理能力直接影响到学生的学习效率和成绩。适度的学习压力有助于激发学生的学习动力和积极性，推动其投入到学习任务中，从而提高学习效率。然而，过度的学习压力可能会导致学生焦虑、拖延、失眠等负面情绪的产生，进而影响到学习的质量和成果。因此，学生需要学会如何调节和管理学习压力，保持在一个适度的范围内，以维持良好的学习状态和学业成绩。

第二，学习压力管理能力对于促进学生的心理健康至关重要。长期处于高强度的学习压力下，学生可能面临着诸如焦虑、抑郁、身心疲惫等心理问题。这些问题不仅影响到学生的学业表现，还可能对其整体的生活质量和健康造成负面影响。因此，学生需要学会有效管理学习压力，保持良好的心理健康状态，以更好地适应学习和生活的各种挑战。

第三，学习压力管理能力还有助于培养学生的自我调节和应对能力。面对学习中的困难和挑战，学生需要学会如何应对并找到有效的解决方案。通过学习压力管理，学生可以培养自我调节的能力，增强自信心，提升应对挑战的能力，从而更好地应对学业和生活中的各种困难和挑战。

2.情绪调节与学业表现

有效的情绪调节能力不仅有助于学生更好地处理学习中的挑战和压力，还可以提升学习效率和学业成绩。

第一，情绪调节对于帮助学生应对学习中的挑战至关重要。在学习过程中，学生可能会面临各种各样的挑战，如难以理解的概念、大量的学习任务、考试压力等。这些挑战往往会引发学生的焦虑、紧张、挫折感等负面情绪，进而影响到他们的学习动力和学业表现。通过情绪调节，学生可以学会如何有效地应对这些负面情绪，保持冷静、理性的心态，从而更好地应对学习中的挑战，提高学习的效率和质量。

第二，情绪调节有助于提高学生的学习效率。良好的情绪状态有助于提升学生的注意力和专注力，增强学习的效果。相反，负面的情绪如焦虑、担忧等则会分散学生的注意力，影响学习的效率和质量。通过情绪调节，学生可以学会如何调整自己的情绪状态，保持积极、平静的心态，提高学习的效率和成果。

第三，情绪调节还可以促进学生的学习动机和学习兴趣。良好的情绪状态有助于激发学生的学习兴趣和积极性，使他们更加投入到学习任务中，从而提高学习的效果和学业成绩。相反，负面的情绪如厌倦、消极情绪等则会降低学生的学习动机，影响其学习的积极性和主动性。通过情绪调节，学生可以学会如何调整自己的情绪状态，保持积极的学习态度，提升学习的效果和学业成绩。

3.自我管理能力的培养

自我管理能力包括时间管理、学习计划制订、目标设定等方面的技能，对学生的学习效率和学业成绩有着直接的影响。

第一，心理咨询服务通过提供有效的时间管理技巧，帮助学生更好地组织和利用学习时间。学生在面对大量的学习任务和课业压力时，往往容易感到时间不够用，导致学习效率低下。通过心理咨询服务，学生可以学会如何设立合理的学习目标、制订有效的学习计划，并学会如何合理安排学习时间，提高学习效率，充分利用碎片化时间，从而更好地完成学业任务。

第二，心理咨询服务可以帮助学生培养学习计划制订的能力。学习计划是学生实现学习目标的重要工具，而一个合理有效的学习计划可以帮助学生有条不紊地进行学习，提高学习的效率和成果。通过心理咨询服务，学生可以学会如何制订长期和短期的学习计划，根据自身的学习需求和目标，合理安排学习内容和时间，提高学习的质量和效果。

第三，心理咨询服务还可以帮助学生建立自我监督和自我激励的机制，增强学习的动力和积极性。学生在学习过程中往往面临着各种诱惑和困难，而一个良好的自我管理能力可以帮助他们克服这些困难，保持学习的动力和目标。通过心理咨询服务，学生可以学会如何建立有效的自我监督机制，监督自己的学习进度和学习效果，并学会如何通过自我激励来保持学习的积极性和动力。

4.学习态度与学业成绩

心理咨询服务在这方面发挥着重要的作用，它能够引导学生树立正确的学习态度，建立自信心，克服学习中的困难，从而提高学业成绩。

第一，心理咨询服务通过与学生的交流和指导，帮助他们认识到学习的重要性。学习是学生成长和发展的基石，而一个正确的学习态度意味着对学习任务的认真对待和积极投入。通过心理咨询服务，学生可以深刻理解到学习对他们未来的影响，从而增强对学习的重视程度，提高学习的积极性和主动性。

第二，心理咨询服务可以帮助学生建立自信心，克服学习中的困难。在学习过程中，学生可能会面临各种各样的挑战和困难，如难以理解的知识点、考试压力等。一个良好的学习态度意味着学生能够自信地面对这些挑战，勇于尝试、坚持不懈。通过心理咨询服务，学生可以得到情绪上的支持和心理上的鼓励，帮助他们建立自信心，克服学习中的困难，取得更好的成绩。

第三，心理咨询服务还能够激发学生的学习动力，提高他们的学习积极性。一个积极的学习态度意味着学生能够自觉地投入到学习任务中，不断追求进步和提高。通过心理咨询服务，学生可以得到专业的指导和支持，了解到学习的乐趣和意义，从而激发学习的兴趣和动力，提高学习的效果和成绩。

三、心理咨询服务与人际关系

（一）人际关系问题与心理咨询服务需求之间的关系

1. 人际关系问题对心理健康的影响

（1）室友之间的矛盾与摩擦

室友之间的矛盾和摩擦可能源自生活习惯的不同、个性特点的冲突等因素。这种紧张关系可能会导致学生产生负面情绪，如焦虑、疲劳和挫败感。长期处于这种紧张的环境中，可能会影响学生的情绪稳定和心理健康。

（2）恋爱关系的挫折

大学生涉足恋爱关系时常常面临着挑战和困扰。恋爱关系的不顺利、分手或不被理解可能会引发情感上的困扰，甚至导致自我怀疑、自卑和心理上的痛苦。

（3）友谊关系的不稳定

友谊关系的不稳定可能包括友情的背叛、信任的破裂等问题。在这种情况下，学生可能会感到孤独、失落和无助，影响到他们的情绪稳定和自信心。

2. 人际关系问题与心理咨询服务需求

（1）寻求支持与解决方案

面对人际关系问题，学生可能感到无助和困惑，不知道如何应对。他们渴望找到一种有效的方式来处理这些问题，从而减轻心理压力。因此，他们会主动寻求心理咨询服务的帮助和支持。

（2）情绪支持与情绪调适

心理咨询师通过提供情绪支持和情绪调适技巧，帮助学生缓解情感困扰，释放压力。通过倾听、理解和共情，心理咨询师能够为学生提供一个安全的环境，让他们敞开心扉，表达内心的痛苦和困惑。

（3）沟通技巧培训与问题解决指导

心理咨询服务还包括沟通技巧培训和问题解决指导。通过学习有效的沟通技巧，学生可以更好地表达自己的需求和情感，增进与他人之间的理解和信任。同时，心理咨询师还可以指导学生寻找解决问题的方法和策略，帮助他们积极应对人际关系问题，促进关系的改善和发展。

（二）心理咨询服务在人际关系改善中的作用和效果

1. 提供情绪支持和心理疏导

（1）情绪支持的重要性

在人际关系问题中，学生可能会经历各种负面情绪，如焦虑、沮丧和愤怒。心理咨询服务提供了一个安全的空间，让学生可以坦诚地表达自己的情感，并得到理解和支持。通过情绪支持，学生能够减轻心理压力，释放负面情绪，从而更好地面对人际关系问题。

（2）心理疏导的作用

心理咨询师可以通过心理疏导帮助学生理解和应对人际关系问题。他们可以帮助学生分析问题的根源，探索解决问题的方法，并提供有效的策略和建议。通过心理疏导，学生能够更清晰地认识自己的情况，找到解决问题的途径，逐步改善人际关系。

2. 提供沟通技巧培训

（1）沟通技巧的重要性

良好的沟通是改善人际关系的关键。心理咨询服务可以为学生提供沟通技巧培训，帮助他们学会有效地与他人交流和表达。学生通过学习沟通技巧，可以更清晰地传达自己的想法和情感，增进与他人的理解和信任，从而改善人际关系。

（2）沟通技巧的训练内容

心理咨询师可以教导学生如何倾听他人、表达自己的意见、控制情绪并解决冲突。他们可以通过角色扮演、实践活动和案例分析等方式进行训练，帮助学生提高沟通效果，促进良好的人际互动。

四、心理咨询服务与学生个体发展

（一）个体发展状况与心理咨询服务需求之间的关系

1. 学生的个体发展特点

在探讨学生的个体发展特点时，不仅需要考虑其在认知和成长方面的表现，还需深入了解其对自我、社会和未来的认知和态度。这种深度理解有助于揭示学生个体发展的内在机制，为教育实践提供理论指导和科学支撑。

第一，学生的自我认知是个体发展中至关重要的一环。自我认知涵盖了学生对自己能力、价值观和情感状态的理解和评价。在大学生阶段，学生开始面临更多的自我认知挑战，他们需要审视自己的优点、缺点，认识自己的兴趣、价值观，并不断调整和完善这些认知。这一过程既受到个体内部因素的影响，如自我概念的建立和自尊心的形成，也受到外部环境的影响，如家庭、同龄群体和社会文化的塑造。因此，学生的自我认知是一个动态、复杂且与环境密切相关的过程。

第二，学生的自我成长也是个体发展中的重要方面。自我成长不仅指学生在学业上的进步，更包括其在心理、情感和社会层面的发展。在大学阶段，学生面临着身份认同的探索和个人定位的建立，他们需要逐渐明确自己的生活目标和职业抱负，并为之努力奋斗。在这一过程中，学生可能会经历挫折和困惑，但也会逐渐积累经验、增长见识，从而实现自我成长和个性完善。同时，学生的自我成长还受到教育环境的影响，包括教师的指导、同学的互动和课程设置等因素，这些都对学生的成长轨迹和发展方向产生着重要影响。

2. 个体发展状况与心理咨询服务需求

个体发展状况的不同阶段，以及在这些阶段所遭遇到的各种情境和问题，均对学生的心理健康产生着深远的影响。因此，心理咨询服务的提供不仅仅是一种支持手段，更是一项必要的教育资源，有助于帮助学生克服困难、实现自我成长和发展。

第一，个体发展中的自我认知阶段往往是学生心理咨询需求的重要来源之一。在这一阶段，学生面临着对自己身份、能力和价值观的认知和理解，他们可能会感到迷茫和困惑。例如，一些学生可能对自己的兴趣爱好和职业方向不明确，缺乏自我认知和自我定位，这会导致他们在学业和生活中产生迷茫和压力。通过心理咨询服务，学生可以借助专业心理咨询师的指导和引导，探索自己的内心世界，了解自己的优势和劣势，从而建立更加清晰和积极的自我认知。

第二，个体发展中的情感和人际关系方面的问题也是学生心理咨询需求的重要来源之一。在大学生活中，学生需要面对各种人际关系挑战，包括与同学、教师和家人之间的关系。同时，学生可能会面临情感困扰，如焦虑、抑郁等心理健康问题。这些情感和人际关系问题会对学生的心理健康和学业成绩产生负面影响，因此需要及时得到专业心理咨询的支持和帮助。心理咨询师可以通过情感支持、人际关系调适和心理疏导等方式，帮助学生缓解情感压力，改善人际关系，从而提升其心理健康水平和学习效果。

第三，个体发展中的学业压力和未来规划方面的问题也是学生心理咨询需求的重要来源之一。随着社会竞争的加剧和求职市场的不确定性，学生可能会面临来自学业和未来规划方面的巨大压力。一些学生可能会感到焦虑和不安，不知道如何应对学业挑战和未来发展。通过心理咨询服务，学生可以获取相关的职业规划和生涯发展指导，掌握有效地学习和应对压力的方法，从而更好地应对学业和未来挑战，实现自我成长和发展。

（二）心理咨询服务对个体发展的促进作用

1. 提供情绪管理和应对策略

在面对生活中的各种挑战和困境时，有效的情绪管理和应对策略可以帮助学生更好地适应环境、调节情绪，从而保持内心的平静和稳定，提升应对压力和解决问题的能力。心理咨询服务在这一过程中发挥着至关重要的作用。通过专业的指导和支持，帮助学生学会有效的情绪管理和应对策略。

第一，情绪管理是学生心理健康的重要组成部分。在日常生活中，学生可能会面临各种情绪，包括喜悦、悲伤、焦虑、愤怒等。有效管理这些情绪对于维持心理平衡至关重要。情绪管理包括了解自己的情绪反应、识别情绪触发因素、采取积极的情绪调节策略等。通过心理咨询服务，学生可以学会更好地认识自己的情绪，了解情绪的表现形式和背后的原因，从而更有针对性地采取有效的情绪管理策略。

第二，应对策略是学生应对生活中挑战和困境的关键。面对学业压力、人际关系问题、未来规划等各种挑战，学生需要学会采取有效的应对策略，以应对挑战、缓解压力，并积极解决问题。有效的应对策略包括积极应对、问题解决、寻求支持等。通过心理咨询服务，学生可以获取相关的应对技巧和策略，学会如何面对挑战，如何有效地解决问题，如何寻求和接受他人的支持和帮助等，从而更加积极地面对生活中的各种困境和挑战。

第三，心理咨询服务还可以帮助学生培养积极的心态和应对态度。积极的心态可以帮助学生更好地应对挑战，保持乐观和自信，从而更好地应对生活中的各种困境。通过心理咨询服务，学生可以接受相关的心理训练和心理干预，培养积极的心态，增强心理韧性，从而更好地适应环境、应对挑战。

2.促进自我认知和成长

自我认知是个体对自己的认知和理解，包括个性特点、兴趣爱好、价值观等方面。通过心理咨询，学生可以与专业心理咨询师进行深入交流和探讨，从而更好地了解自己，发现内在的优势和潜力，认识到自己的局限性和需要改进的地方，进而实现个人成长和发展。

第一，心理咨询服务为学生提供了一个安全、私密的环境，使他们能够在无压力的氛围中表达自己的想法、感受和困惑。在这种环境下，学生可以敞开心扉，坦诚地与心理咨询师交流，分享自己的内心世界，从而更好地了解自己的内心需求和情感状态。通过深入交流和探讨，学生可以逐渐认识到自己的个性特点、价值观念和行为模式，从而实现对自己的深入了解和自我认知。

第二，心理咨询服务提供了专业的评估和反馈，帮助学生客观地了解自己的特点和问题。在心理咨询过程中，心理咨询师可以通过各种评估工具和技术，对学生的个性特点、情感状态和心理健康状况进行科学评估和分析，提供客观、专业的反馈和建议。通过了解自己的评估结果，学生可以更清楚地认识到自己的优势和劣势，发现自己的潜力和局限性，从而更好地规划自己的个人发展和成长路径。

第三，心理咨询服务为学生提供了个性化的指导和支持，帮助他们实现个人成长和发展。在心理咨询过程中，心理咨询师会根据学生的具体情况和需求，提供个性化的指导和支持，帮助他们解决困惑和问题，制订合适的目标和计划，从而实现个人成长和发展。通过与心理咨询师的合作，学生可以获得专业的帮助和指导，克服困难和挑战，不断提升自己的能力和素质，实现自我价值和人生目标。

3.解决困惑和问题

在大学生活中，学生可能面临着来自多个方面的挑战和困境，如人际关系问题、学业压力、职业规划等，这些问题可能会给他们的心理健康和个人发展带来负面影响。而通过心理咨询服务，学生可以获得专业的建议、指导和支持，找到解决问题的有效途径，从而减轻焦虑和困扰，实现个人发展目标。

第一，心理咨询服务为学生提供了一个安全、支持性的环境，使他们能够开诚布公地表达自己的困惑和问题。在这种环境下，学生可以放下心防，与心理咨询师坦诚交流，分享自己的内心世界和困惑，而不用担心被评判或指责。

通过倾听和理解，心理咨询师可以帮助学生更好地认识自己的问题所在，并逐步找到解决问题的途径。

第二，心理咨询师具有专业的知识和技能，能够为学生提供有效的建议和指导。在心理咨询过程中，心理咨询师会运用各种心理理论和技术，帮助学生分析和理解问题的根源，并制定相应的解决方案。例如，针对人际关系问题，心理咨询师可以提供沟通技巧和冲突解决策略；针对学业压力，心理咨询师可以提供时间管理和压力释放的方法；针对职业规划，心理咨询师可以提供职业咨询和生涯规划建议。这些专业的建议和指导可以帮助学生更有效地解决困惑和问题，实现个人发展目标。

第三，心理咨询服务还可以为学生提供情感支持和心理疏导。在面对困难和挑战时，学生往往会感到焦虑、沮丧甚至绝望，而心理咨询师可以通过倾听和支持，帮助他们缓解情绪，重建信心，从而更好地应对问题。心理咨询师还可以为学生提供情感管理技巧，帮助他们学会如何应对情绪波动，保持心理平衡。

第五章　大学生心理健康教育的实践策略

第一节　大学生心理健康教育课程设计与开发

一、大学生心理健康教育课程实施的重要性

当前，大学生心理健康教育课程实施的重要性日益凸显。当年轻人跨入大学校园，不仅要面对学习上的压力，还需要处理复杂的人际关系，以及承受对未来的种种焦虑和不确定性。而心理健康的稳定成为大学生应对这些挑战的关键。

（一）心理健康教育课程的紧迫性和社会影响

大学生心理健康教育课程的实施已成为当今社会的重要议题。随着年轻人步入大学校园，他们所面临的挑战不仅仅是学业上的压力，还包括处理复杂的人际关系、承受未来不确定性带来的焦虑等。这些挑战对心理健康的稳定提出了更高的要求。大学生代表着国家和社会的未来，他们的健康、情感和心理状态直接影响到社会的稳定和未来的发展。如果大学生群体普遍存在心理健康问题，将会引发诸多社会问题，如就业困难、家庭矛盾加剧等。因此，实施心理健康教育课程不仅是对大学生个体的关怀，更是对整个社会长远发展的重要考虑。

（二）心理健康教育课程的功能和效果

1. 帮助大学生认识和解决心理健康问题

通过系统的教育课程，学生不仅能够认识到心理健康问题的存在和影响，还能够学习到有效解决问题的工具和方法，从而提升其心理健康水平并改善生活质量。

第一，心理健康教育应当着重帮助学生认识到心理健康问题的复杂性和多样性。心理健康问题并非简单的抑郁或焦虑，而是涵盖了情绪、认知、行为等

多个方面的综合问题。通过教育课程，学生可以了解到心理健康问题的种类、表现形式以及可能的成因，从而更全面地认识到自身可能面临的挑战。

第二，心理健康教育应当帮助学生学习有效地解决问题的工具和方法。这包括认知行为疗法、应激管理技巧、情绪调节策略等一系列实用的心理健康工具。通过教育课程，学生可以学习到如何应对负面情绪，如何改变消极的思维方式，以及如何建立积极的心理健康习惯等技能，从而更好地应对生活中的压力和挑战。

第三，心理健康教育应当鼓励学生主动寻求必要的支持和帮助。在现实生活中，很多学生可能因为社会压力、家庭问题或个人困扰而产生心理健康问题，但由于缺乏认识或是担心被歧视而不愿意寻求帮助。因此，教育课程应当鼓励学生勇于表达自己的情感和困扰，以及主动寻求学校或专业机构提供的心理咨询和支持服务，从而及时获得帮助并解决问题。

第四，心理健康教育还应当注重培养学生的自我认知和自我管理能力。通过教育课程，学生不仅能够认识到自身存在的心理健康问题，还能够学习到如何主动监控自己的心理状态，如何及时应对和调节自己的情绪，以及如何建立积极的心理健康习惯等能力，从而更好地保持心理健康。

2.提升大学生的心理健康水平

通过系统的教育和培训，大学生可以学习到一系列有效的心理调适技巧和应对策略，从而更好地应对学业压力、人际关系困扰等问题，保持积极向上的心态，更好地适应大学生活的各种挑战。

第一，心理健康教育课程应当注重培养大学生的应对压力和情绪管理能力。在大学生活中，学业压力、人际关系问题等都可能成为心理健康的负面影响因素。通过教育课程，学生可以学习到如何有效地应对学业压力，如合理安排学习时间、建立科学的学习方法等。同时，还可以学习到如何处理人际关系问题，如沟通技巧、冲突解决策略等，从而减轻压力，保持良好的心态。

第二，心理健康教育课程应当帮助大学生建立积极的心理健康习惯。良好的生活习惯对于维持心理健康至关重要。通过教育课程，学生可以学习到如何保持规律的作息时间、饮食均衡、适量的运动等生活方式，从而提升身体健康水平，增强抵抗压力的能力，减少心理健康问题的发生。

第三，心理健康教育课程应当注重培养大学生的心理韧性和自我调适能力。

心理韧性是指个体面对困难和挑战时能够保持稳定的心理状态和积极的心态的能力。通过教育课程，学生可以学习到如何培养自己的心理韧性，如通过积极的思维方式、灵活的应对策略等来应对困难和挑战，从而增强应对能力，提升心理健康水平。

第四，心理健康教育还应当培养大学生的自我认知和自我管理能力。通过教育课程，学生可以学习到如何认识和了解自己的情绪状态、需求和价值观，如何建立积极的自我形象和自我概念，以及如何制定合理的目标和规划，从而更好地认识和管理自己，提升心理健康水平。

3. 打破心理健康问题的社会障碍

通过系统的教育和宣传，可以促进社会对心理健康问题的理解和关注，减少对心理健康问题的误解和偏见，从而为大学生提供更加开放和支持性的社会环境，鼓励他们勇敢地面对和解决心理健康问题。

第一，心理健康教育课程应当帮助社会认识到心理健康问题的普遍性和严重性。通过教育和宣传，可以向社会传递心理健康问题的相关知识和信息，让更多的人了解到心理健康问题并不是个别现象，而是一种普遍存在的社会现象，需要社会共同关注和解决。

第二，心理健康教育课程应当帮助社会理解心理健康问题的复杂性和多样性。心理健康问题并不是简单的个人选择或意志力不足所能解决的，而是受到多种因素影响的综合性问题，包括遗传、环境、生活经历等多个方面。通过教育课程，可以向社会传递这一信息，让社会更加理解和包容心理健康问题的发生和存在。

第三，心理健康教育课程还应当帮助社会消除对心理健康问题的误解和偏见。在现实生活中，很多人对心理健康问题存在各种各样的误解和偏见，如将心理健康问题视为软弱的表现或是对患者进行歧视等。通过教育课程，可以向社会传递正确的心理健康知识和信息，消除误解和偏见，让更多的人能够理解和支持患有心理健康问题的人群。

第四，心理健康教育课程应当促进社会对心理健康问题的公开讨论和关注。通过教育课程，可以鼓励更多的人参与心理健康问题的讨论和关注，向社会传递积极的心理健康信息和态度，营造一个开放、包容、支持的社会环境，让更多的人能够勇敢地面对和解决心理健康问题。

（三）实施心理健康教育课程的必要性和可行性

针对大学生心理健康问题，实施心理健康教育课程具有重要的必要性和可行性。首先，大学生阶段是个人心理发展的重要时期，他们处于适应新环境、建立新关系的关键阶段，因此及时干预、提供正确的心理健康教育至关重要。其次，大学生是一个相对封闭且具有统一管理的群体。通过学校组织的课程，可以更加有效地传播心理健康知识，帮助更多学生受益。再次，心理健康教育课程的实施可以借助现有的教学资源和专业人才。例如，心理学专业的教师和心理健康专家，提供系统化、专业化的教学内容和服务。最后，通过心理健康教育课程的实施，可以在全社会形成对心理健康的关注和重视，进而促进心理健康服务的普及和发展。

二、大学生心理健康教育课程实施现状

（一）内容普及但深度不足

在当今时代，心理健康教育已被普遍认为是大学教育的重要组成部分。大部分高校都为学生提供了相应的心理健康教育课程或工作坊，旨在帮助学生了解和维护自己的心理健康。然而，尽管这些课程为学生提供了基本的心理健康知识，但在深入研究和解决具体问题方面还存在明显的不足。比如，其中一些课程更像是入门课，只简单介绍心理健康的基本概念，而没有进一步探讨如何解决学生在学习、生活和人际交往中可能遇到的具体心理健康问题。因此，尽管学生对心理健康知识有了基本的了解，但可能仍然缺乏应对真实生活中复杂问题的技巧和策略。

1.心理健康教育的基本概念与实际问题之间的脱节

在当前大学生心理健康教育课程中，存在着基本概念与实际问题之间的脱节现象。尽管课程内容涵盖了心理健康的基本知识，但这些知识往往停留在表面层面，缺乏对具体问题的深入探讨与解决方案的探索。这种现象在学生遇到学习压力、人际关系问题、情绪管理困难等实际挑战时尤为突出。

（1）学习压力与心理健康

大学生面临着课业压力、考试焦虑等问题，但现有的心理健康教育课程往往没有深入探讨学习压力对心理健康的影响，以及如何有效应对学习压力。学生缺乏解决学习压力问题的具体策略和方法，导致他们在面对繁重的学业时可

能出现焦虑、抑郁等心理问题。

（2）人际关系与心理健康

大学生处于人际关系复杂的环境中，需要应对来自同学、室友、恋爱关系等方面的挑战。然而，现有的心理健康教育课程往往忽视了人际关系对心理健康的重要影响，缺乏针对人际关系问题的具体指导和帮助。学生可能因为人际冲突、孤独等问题而感到困扰，但缺乏有效的解决途径。

（3）情绪管理与心理健康

情绪管理是维护心理健康的重要一环，然而，现有的心理健康教育课程往往没有深入探讨情绪管理的技巧和策略。学生可能面临情绪失控、焦虑、抑郁等问题，但缺乏应对这些问题的有效方法，导致情绪问题无法得到及时有效处理。

2.课程形式与学生需求的脱节

大学生心理健康教育课程的形式与学生的实际需求存在着明显的脱节。课程形式往往偏向于传统的讲授和知识传递，缺乏与学生互动和参与的机会，导致学生对课程的参与度和兴趣不高。这种形式与学生需求之间的脱节，限制了教育效果的发挥。

（1）传统教学模式的局限性

目前，大部分心理健康教育课程采用传统的讲授模式，教师以讲解知识为主，学生被动接受。然而，这种教学模式忽视了学生的个体差异和实际需求，导致教育效果受到限制。学生可能对课程内容缺乏兴趣和动力，难以深入理解和应用所学知识。

（2）缺乏互动与体验的机会

心理健康教育课程缺乏足够的互动和体验机会，学生往往只是被动地接受知识，缺乏将理论知识应用到实际情境中的机会。这种教学模式限制了学生的参与度和学习效果，使得教育过程缺乏活跃性和实效性。

（3）学生需求与课程内容之间的落差

大学生的心理健康需求多样化，但心理健康教育课程往往无法满足学生的实际需求。课程内容可能过于抽象或理论化，与学生的实际生活经验脱节，导致学生对课程的兴趣和认同感不强，影响了学习效果。

3.跨学科合作与综合视角的不足

心理健康教育涉及多个学科领域，需要综合运用心理学、教育学、社会学等多方面的知识。然而，目前大学生心理健康教育课程往往局限于单一学科范畴，缺乏跨学科合作和综合视角，导致教育内容的片面性和局限性。

（1）单一学科视角的局限性

部分心理健康教育课程缺乏跨学科合作，只从心理学的角度出发，忽视了其他学科对心理健康的影响。这种单一学科视角的教育模式往往局限了对学生心理健康问题的全面认识和解决能力，使得教育内容过于局限和片面。

（2）忽视社会因素的影响

当前的心理健康教育课程往往忽视了社会因素对心理健康的重要影响。学生所处的社会环境、文化背景、家庭情况等因素都会对其心理健康产生深远影响，但课程往往未能充分考虑到这些因素。缺乏对社会因素的深入分析和讨论，使得学生对自身心理健康问题的认识过于简单和片面，无法全面理解问题的复杂性和多样性。

（二）实践互动较少

在现有的教学模式下，学生往往被动接受知识，缺少将理论知识应用到实际情境中的机会。这种教学模式忽视了心理健康教育的实践性和体验性，使学生难以通过实际操作来加深对心理健康知识的理解和应用。此外，在课程教学中缺乏足够的互动和讨论，学生在理解自身和他人的心理状态方面缺乏足够的练习和反馈，这在一定程度上限制了他们对心理健康知识的深入理解和运用。缺乏实践互动的教学模式还忽视了心理健康教育的个体化需求。每名大学生的心理状态和需求各不相同，单纯依赖理论知识的灌输无法有效应对学生多样化的心理问题。

1.缺乏实践性和体验性的教学模式

（1）理论知识与实际情境的脱节

心理健康教育往往局限于传统的讲授和知识传递，学生缺乏将理论知识应用到实际情境中的机会。教学模式过于侧重于理论知识的灌输，而忽视了将知识与实际经验相结合的重要性。这种脱节导致学生难以理解和应用心理健康知识，无法将所学知识有效运用到实际生活中。

（2）实践性和体验性的缺失

在现有教学模式下，学生缺乏与心理健康相关的实践性和体验性学习机会。课堂上往往缺乏实际操作和体验活动，学生只是被动地接受知识，而无法通过实践加深对知识的理解和应用。缺乏实践性和体验性的学习机会，使得学生对心理健康知识的掌握程度不足，难以在实际生活中应对复杂的心理健康问题。

（3）个体化需求的忽视

每名大学生的心理状态和需求各不相同，但现有教学模式往往忽视了个体化需求。课程内容缺乏针对个体差异的定制化教学，无法满足不同学生的特殊需求。缺乏个体化的教学设计，导致部分学生可能无法有效地吸收和应用所学知识，从而影响了教育效果。

2.缺乏足够的互动和讨论

（1）学生被动接受知识的局限性

在当前的教学模式下，学生往往只是被动接受知识，缺乏与教师和同学的互动和讨论机会。课堂上缺乏足够的互动环节，学生难以积极参与学习过程，无法与他人交流和分享自己的心理状态和问题。这种被动接受知识的局限性，限制了学生对心理健康知识的深入理解和应用。

（2）理解自身和他人心理状态的不足

缺乏足够的互动和讨论机会导致学生在理解自身和他人的心理状态方面存在一定的困难。学生缺乏与同学和教师交流的机会，无法深入探讨自己的心理问题，也无法了解他人的心理需求。这种理解不足影响了学生对心理健康问题的全面认识和应对能力。

（3）练习和反馈的不足

当前的教学模式往往缺乏足够的练习和反馈机会。学生缺乏实践操作和练习的机会，无法通过实际操作加深对知识的理解和应用。同时，缺乏及时的反馈机制，学生无法及时了解自己的学习情况和掌握程度，无法及时纠正错误和改进方法。这种练习和反馈的不足，影响了学生对心理健康知识的深入理解和运用。

（三）跨学科合作仍在起步阶段

心理健康问题是一个涵盖医学、社会学、教育学等多个领域的复杂问题，针对其开展教育和研究理应基于多学科的综合视角。然而，在部分高校中，心理健康教育课程仍然局限于单一学科范畴，缺乏与其他学科内容的有效融合和交叉。这种学科间分割的现状造成了心理健康教育课程内容的局限性，难以全面覆盖学生的多方面需求。仅从心理学角度出发的教育模式可能忽视了社会环境、生物因素、文化背景等对学生心理健康的影响，从而限制了学生全面认识心理健康问题的能力。

1. 跨学科合作的不足导致心理健康教育局限性

（1）单一学科视角的局限性

当前心理健康教育往往局限于单一学科范畴，主要以心理学为主导，忽视了其他学科对心理健康的综合影响。缺乏跨学科合作，使得教育内容无法全面覆盖心理健康问题的各个方面。单一学科视角的局限性使得教育内容过于片面，难以满足学生对心理健康的多元需求。

（2）理论化倾向的教育模式

部分高校心理健康教育课程存在着理论化倾向，缺乏与其他学科内容的有效融合和交叉。教育内容过于理论化，缺乏实践性和可操作性，使得学生对心理健康问题的认识停留在理论层面，难以将理论知识应用到实际生活中。

2. 分割学科与教育内容的局限性

（1）缺乏综合性知识和策略的运用能力

缺乏跨学科合作导致心理健康教育课程内容过于单一和理论化，使得学生在面对复杂心理问题时缺乏综合性知识和策略的运用能力。学生可能仅仅通过心理学角度来解决问题，而无法从综合的视角去思考和处理心理健康问题，导致解决方案的局限性。

（2）忽视多样化需求的个体化处理

每名大学生的心理状态和需求各不相同，但由于缺乏跨学科合作，心理健康教育往往未能满足学生的个体化需求。教育内容缺乏针对不同学生的定制化教学，导致部分学生可能无法得到有效的帮助和支持。这种个体化需求的忽视，影响了教育内容的针对性和实效性。

（3）知识与实践脱节的挑战

当前心理健康教育往往存在知识与实践脱节的挑战。教育内容虽然提供了丰富的理论知识，但学生缺乏将这些知识应用到实际情境中的机会。缺乏实践性的教学模式，使得学生难以将所学知识转化为实际行动，从而限制了教育效果的发挥。

（四）实际应用与反馈机制缺乏

尽管许多高校提供了丰富的理论知识，但这些知识往往与学生的实际生活经验没有紧密结合。这导致学生在尝试将所学知识应用到日常生活中时会面临困难，理论知识的实际效用因而大打折扣。同时，许多心理健康教育课程缺乏持续和有效的反馈机制。这意味着教师无法及时了解学生对课程的反应、理解程度和具体需求，从而无法对课程内容或教学方法进行及时调整和优化。

1.理论知识与实际生活经验的脱节

（1）知识应用困难

尽管高校提供了丰富的理论知识，但学生在尝试将这些知识应用到实际生活中时常常面临困难。理论知识与实际生活经验之间存在一定的脱节，使得学生难以将所学知识转化为实际行动。例如，在面对具体的心理健康问题时，学生可能缺乏实际操作的技能和策略，导致理论知识的实际效用大打折扣。

（2）理论知识的抽象性

许多心理健康教育课程缺乏与实际生活经验的结合，使得理论知识变得过于抽象和难以理解。学生可能无法将抽象的理论知识与自身的实际经历相联系，从而产生对所学内容的抵触心理。这种抽象性使得学生难以理解知识的实际意义和应用方法，降低了教育效果的实质性。

2.缺乏持续有效的反馈机制

（1）缺乏及时反馈

许多心理健康教育课程缺乏持续和有效的反馈机制，导致教师无法及时了解学生的学习情况和掌握程度。缺乏及时反馈使得教师无法对课程内容或教学方法进行及时调整和优化，从而影响了教学效果的提升。学生无法及时了解自己的学习进度和掌握情况，无法及时纠正错误和改进学习方法，降低了学习效率和成效。

（2）教育内容与学生需求的脱节

由于缺乏有效的反馈机制，教育内容往往与学生实际需求之间存在一定的脱节。教师无法及时了解学生对课程的反应、理解程度和具体需求，导致教育内容无法真正满足学生的学习需求和兴趣。这种脱节使得学生可能产生对所学内容的抵触心理，影响了他们对心理健康教育的接受和参与程度。

三、大学生心理健康教育课程的实施原则

在素质教育的背景下，大学生心理健康教育应当坚持以人为本、创新性、

可持续发展的原则，只有这样才能够彰显真正的价值，才能够发挥心理健康教育对学生的积极作用。

（一）以人为本原则

我国大学生心理健康教育应立足于素质教育的理念基础，重点提高学生的综合素养，帮助他们提升核心竞争力。以人为本原则要求高校锚定学生的心理问题、找准学生心理方面的潜在风险，关注学生的主体感受，紧紧围绕促进学生健康成长这一目标构建心理健康教育课程新模式。因此，在大学生心理健康教育课程模式创新的过程中，高校应当主动承担起人才培养基地的主体责任，坚持以人为本的素质教育理念，以形式多样、丰富多彩的教学模式引导学生形成积极向上的生活态度。

1.学生主体地位的确立

在大学生心理健康教育中，以人为本原则的核心在于学生主体地位的确立。这意味着教育者应当将学生视作教育活动的核心和主体，关注他们的需求、感受和成长过程。具体来说，教育者需要通过深入地调研和了解，了解学生的心理问题和潜在风险，从而有针对性地开展心理健康教育工作。

2.个性化教育模式的构建

以人为本原则要求构建个性化教育模式，满足不同学生的需求。这包括提供多样化的心理健康教育课程和服务，针对性地开展个性化的心理咨询和辅导，以及建立健全学生心理档案管理系统等，为学生提供个性化的心理健康服务和支持。

3.引导积极向上的生活态度

以人为本原则还要求引导学生形成积极向上的生活态度。教育者应当通过多种形式和渠道，向学生传递正能量和积极心态，鼓励他们树立正确的人生观、价值观和世界观，从而更好地应对生活中的挑战和困难。

（二）创新性原则

全面、高效地推动大学生心理健康建设必须对现行的健康教育课程模式进行创新，以全面、立体、综合覆盖的心理健康教育观念构筑心理风险防范网络，以创新的理念构建新的工作格局，并结合本校办学特色，构建具有强针对性、广覆盖性的心理健康课程教育体系，从而在日常教学中对学生的心理问题进行疏导。需要注意的是，这套体系的创新应当遵从学生身心发展的客观规律。高校可以创造性地接纳来自社会的帮助，借助社会资源打造超出校园教育模式的心理健康防线，为学生身心健康发展带来保障。

1. 教学内容的创新

创新性原则要求对心理健康教育课程内容进行创新。这包括引入新的教学理念和方法，结合最新的心理学理论和研究成果，设计富有启发性和互动性的课程内容，激发学生的学习兴趣和积极性。

2. 教学模式的创新

除了教学内容外，创新性原则要求对教学模式进行创新。教育者可以借鉴先进的教育技术和工具，如在线教育平台、虚拟实验室等，构建多样化、灵活性强的教学模式，提高教学效果和学生参与度。

3. 社会资源的创造性整合

创新性原则还要求教育者创造性地整合社会资源，为学生提供更全面、多样化的心理健康服务和支持。这包括与心理健康机构、社会组织和企业合作，共同开展心理健康教育活动，为学生提供更广泛的资源和服务。

（三）可持续发展原则

大学生心理健康教育课程模式创新的根本目的在于提高学生面对挫折的心理素质，帮助学生建立积极乐观的心态，从而为其日后的心理健康发展打下良好的基础。因此，可持续发展也是高校心理健康教育的重要原则。这也就意味着高校阶段的心理健康教育不能"竭泽而渔"，要立足学生的未来发展，帮助其健全心态。

1. 长期规划与投入

可持续发展原则要求高校对心理健康教育进行长期规划和投入。这包括建立健全心理健康教育体系，配备专业的教育人员和设施，确保心理健康教育工作的持续性和稳定性。

2. 教育与实践的结合

可持续发展原则要求将心理健康教育与实践相结合，为学生提供更丰富、更深入的学习体验。这包括组织学生参与社会实践、志愿服务等活动，让他们将所学知识应用到实际生活中，增强实践能力和解决问题的能力。

3.不断改进与完善

可持续发展原则还要求对心理健康教育工作进行不断改进和完善。这包括收集和分析学生的反馈意见和需求，及时调整和优化教学内容和方法，保持教育工作的灵活性和适应性，以更好地满足学生的学习需求和社会发展的要求。

四、大学生心理健康教育课程实施

（一）个性化与模块化课程设计

当代的大学生群体有着多种多样的背景、经验和需求，传统的"一刀切"式的心理健康教育已经无法满足其多样化的需求。为了更有效地应对这一挑战，个性化与模块化的课程设计显得尤为重要。模块化的课程内容设计意味着将整体课程分割为多个独立但互相关联的单元或模块，每个模块都围绕一个特定的主题或技能展开。这种方法可使学生根据自己的具体情况和需求选择最相关的模块参与。

1.模块化课程设计

（1）模块化课程内容的划分

模块化课程设计是将整体课程分割为多个独立但互相关联的单元或模块。每个模块都围绕一个特定的主题或技能展开，以满足学生不同的需求和兴趣。这种课程设计方法可以使学生根据自己的具体情况和需求选择最相关的模块参与，提高学习的针对性和实用性。

（2）模块化课程的优势

模块化课程设计有着诸多优势。首先，它使得课程内容更具灵活性和可调整性，教育者可以根据学生的反馈和需求及时调整和优化课程内容。其次，模块化课程设计可以更好地满足学生的个性化需求，使每个学生都能够根据自己的兴趣和目标选择适合自己的学习内容。最后，模块化课程设计还能够提高学生的学习积极性和参与度，他们可以选择自己感兴趣的模块进行学习，增强学习的主动性和动力。

2.个性化课程设计

（1）针对不同群体的个性化需求

个性化课程设计是根据不同学生群体的背景、经验和需求，为他们量身定制符合其特点的课程内容和教学方法。例如，针对新生和即将毕业的大学生群体，个性化课程设计可以分别针对他们所面临的特定问题和挑战进行设计，提供相应的心理健康教育内容和支持服务。

（2）个性化课程设计的实施方式

个性化课程设计可以通过多种方式实施。首先，可以通过分层次、分领域的课程设置，满足不同学生群体的学习需求。其次，可以通过个性化辅导和指导，帮助学生解决个性化的心理健康问题和困惑。最后，个性化课程设计还可以通过个性化评估和反馈，及时了解学生的学习情况和需求，为其提供有针对性的支持和帮助。

（3）个性化课程设计的挑战与应对

个性化课程设计虽然有着诸多优势，但也面临着一些挑战。其中最主要的挑战之一是如何平衡个性化需求和整体课程的统一性和完整性。为了应对这一挑战，教育者需要在保证个性化的前提下，尽可能地保持课程内容的整体性和连贯性，确保每个学生都能够获得全面的教育和培养。同时，教育者还需要加强对学生的跟踪和评估，及时发现和解决个性化课程设计中的问题和困难，确保教育工作的顺利开展和取得良好的效果。

（二）强化实践与互动教学

在心理健康教育中，单纯的理论学习往往难以达到预期的效果，因为心理健康的本质涉及人们的实际情感、认知和行为等。因此，实践与互动成为这一教育领域中不可或缺的元素。学生若有机会在真实或模拟情境中运用所学知识，不仅能更好地理解和掌握这些知识，而且能够在实践中锻炼和提高自己的技能。

1. 角色扮演的实践与互动教学

（1）角色扮演的原理与作用

角色扮演是一种基于模拟情境的教学方法。通过让学生扮演特定的角色，在模拟的情境中进行交流和互动，以达到教学目的。这种教学方法能够让学生更加身临其境地体验和理解课程内容，提高他们的参与度和学习效果。在心理健康教育中，角色扮演可以帮助学生更加深入地理解人际关系、情绪管理等方面的知识和技能。

（2）角色扮演在心理健康教育中的应用

在心理健康教育中，角色扮演可以应用于各个方面。例如，在探讨人际关系的课程中，学生可以扮演不同的角色，如亲密伴侣、家庭成员或同事等，模拟真实的交往场景，从中学习有效沟通、冲突处理等技巧。此外，在情绪管理的课程中,学生可以扮演情绪波动较大的角色,模拟各种情绪状态下的行为反应,以便更好地理解情绪调节和管理的重要性。

2.情景模拟的实践与互动教学

(1)情景模拟的特点与优势

情景模拟是通过构建接近真实情境的环境,让学生在其中进行实践和应用所学知识和技能的教学方法。这种教学方法能够激发学生的学习兴趣和主动性,提高他们的学习效果和应用能力。在心理健康教育中,情景模拟可以让学生在接近真实的情境中进行实践,更好地理解和应用所学的心理健康知识和技能。

(2)情景模拟在心理健康教育中的应用

在心理健康教育中,情景模拟可以应用于各个方面。例如,在探讨应对压力的课程中,教师可以设计一些高压的模拟情境,如突发事件、紧急任务等,让学生在这些情境中学习如何调整自己的情绪、如何制定有效的应对策略等。通过这种方式,学生能够在实践中提升自己的心理应对能力,增强应对压力的信心和技能。

3.小组讨论的实践与互动教学

(1)小组讨论的特点与优势

小组讨论是一种灵活的互动教学方法。通过组织学生在小组中分享自己的看法和经验,相互之间进行讨论和交流,以达到教学目的。这种教学方法能够激发学生的思维,促进他们之间的互相学习和支持,提高学习效果和参与度。

(2)小组讨论在心理健康教育中的应用

在心理健康教育中,小组讨论可以应用于各个方面。例如,在探讨心理健康问题的课程中,教师可以组织学生在小组中分享自己的心理健康经验和困惑,相互之间进行交流和支持。通过这种方式,学生能够从彼此的经验中获得启发和帮助,建立更为广泛和深入的心理健康知识体系,提高自己的心理健康水平。

(三)整合跨学科资源

心理健康并不仅仅是一个纯粹的心理学问题,它是一个综合性的领域。为了更好地应对挑战,整合跨学科资源显得尤为重要。通过鼓励不同学科的教师合作,可以为学生提供更为全面和深入的心理健康教育。心理学为人们提供了关于人类行为、情感和认知的基本理论和知识,但当面对具体的心理健康问题时，往往需要借助其他学科的知识和方法。例如，当一个学生出现抑郁症状时，教师不仅需要理解其情感和认知状态，还需要考虑生物学和医学因素，如神经递质的变化、荷尔蒙水平的波动等。

1. 跨学科资源整合的重要性

（1）心理健康的综合性

心理健康不仅涉及心理学的范畴，还关乎人的身体健康、社会关系、文化背景等多个方面。因此，为了全面了解和解决心理健康问题，需要跨学科的视角和资源。

（2）整合跨学科资源的必要性

单一学科的知识和方法往往难以应对复杂多样的心理健康问题。例如，当面对抑郁症状的学生时，除了了解心理学方面的情感和认知状态外，还需要考虑生物学和医学因素的影响。这就需要借助跨学科资源，综合考量各种因素。

2. 跨学科合作的实施方式

（1）教师间合作

通过鼓励不同学科的教师合作，可以将各自领域的知识和经验相结合，为学生提供更为全面和深入的心理健康教育。例如，心理学老师可以分享心理健康的基本理论和知识，医学老师可以介绍生物学因素对心理健康的影响，社会学老师可以讨论社会和文化背景对心理健康的作用。

（2）跨学科课程设计

设计跨学科的心理健康教育课程，将不同学科的知识有机融合，形成一个完整的教育框架。在这个框架中，学生既学习心理学的基本知识和技能，又从医学、社会学等学科中获取更为丰富和深入的内容。这样的课程设计有助于学生更全面地了解心理健康问题，并培养多角度思考和处理问题的能力。

3. 跨学科合作的优势和影响

（1）学生受益

跨学科合作能够为学生提供更为全面和深入的心理健康教育，帮助他们更好地理解和应对自己的心理健康问题。同时，培养学生从多个角度思考和解决问题的能力，提高其综合素养和学术水平。

（2）学术交流与合作

跨学科合作模式不仅有利于提升课程质量和效果，还能促进不同学科之间的交流和合作。教师可以在共同开展课程的过程中相互学习和取长补短，推动学科交叉融合和学术合作的发展。

（四）创新课程教学方法

从教学方法的角度，以人为本的原则应当作用于学生参与学习的全过程。教师应尊重学生作为受教育者的主体地位，构建师生互动的二元课堂教学结构，并以此为基础，通过多元的教学方法帮助学生对理论知识建立深层次理解，实现课堂教学实践性、有效性的提升。并且，对心理健康课程而言，章节前的导言往往能够起到"补白"的作用，教师也就可以充分利用导言的优势，将课程主题作为核心，引入一系列心理健康知识，再辅以典型案例解析，帮助学生建立完善的认知，实现分析能力、思维能力的提升。

1. 以人为本的教学原则

以人为本的教学原则是一种尊重学生主体地位的教学理念，强调教师应关注学生的个体需求和情感体验，以提升教学效果和学生参与度为目标。在心理健康教育中，这一原则的应用尤为重要，可以通过构建师生互动的教学结构和多元的教学方法来实现。

（1）构建师生互动的教学结构

在课堂教学中，教师应建立起与学生密切互动的教学氛围，鼓励学生提出问题、分享经验和参与讨论。通过与学生的互动，教师可以更好地了解学生的学习需求和心理状态，有针对性地调整教学内容和方法。

（2）多元的教学方法

教师应采用多种教学方法，如案例分析、角色扮演、情景模拟等，以满足不同学生的学习需求和学习风格。通过多元的教学方法，可以激发学生的学习兴趣，提高他们的学习效果和参与度。

2. 导言与课程主题的衔接

在心理健康课程中，导言的作用不仅仅是引领学生，更重要的是为学生提供一个认识课程主题的入口，激发他们的学习兴趣和思考。导言应当具有层次和深度，通过引入相关的心理健康知识和典型案例解析，帮助学生建立起对课程主题的全面认知。

首先，导言应当从实际生活中的现象或问题入手，引发学生的兴趣。教师可以选择一些与课程主题相关的真实案例或现象，如社交媒体上频繁出现的心理健康问题、社会上流行的心理健康观念等。通过引入这些案例，可以使学生在导言阶段就与课程主题建立起联系，增加他们对课程内容的认知和兴趣。其次，导言应当围绕课程主题展开，引入相关的心理健康知识。教师可以在导言中介绍一些基本的心理学理论或研究成果，以及与课程主题相关的重要概念和方法。通过这种方式，可以为学生打开心理健康教育的大门，让他们在课程开始之前就有所准备和期待。最后，还可以通过典型案例解析的方式，深入探讨课程主题。教师可以选取一些具有代表性的案例，分析其中涉及的心理健康问题，并引导学生思考和讨论。通过这种案例解析，可以使学生更加直观地理解课程主题的重要性和现实意义，激发他们对课程的学习热情。

3. 情景教学法的应用

通过情景教学法，教师可以将理论知识与实际情境相结合，使学生在模拟的情景中运用所学知识，从而增强他们的实践能力和理解深度。

首先，情景教学法能够激发学生的学习兴趣。与传统的课堂讲授相比，情景教学法更贴近学生的实际生活，让他们在具体的情境中参与到学习过程中。学生通过角色扮演或模拟情景，能够更好地投入到学习中，增加他们的参与度和投入感，从而提高学习的积极性和主动性。其次，情景教学法有助于加深学生对心理健康知识的理解和应用能力。在情景教学中，学生需要在模拟的情境中运用所学的心理健康知识，解决具体的问题或挑战。通过这种实践性的学习方式，学生不仅可以理论联系实际，还能够更深入地理解知识，并掌握其在实际生活中的应用方法和技巧。另外，情景教学法也能够促进学生的团队合作和沟通能力。在情景教学中，学生通常需要分组合作，共同解决情境中的问题。通过与同伴的合作，学生能够学会有效沟通和协作，培养团队精神和合作意识，提高他们的社交能力和人际关系技巧。最后，情景教学法还可以增强学生的情感体验和情感认知能力。在情景教学中，学生往往需要扮演特定角色，体验不同的情感状态。通过这种情感体验，学生能够更加深刻地理解他人的情感和行为，提高他们的情感认知水平，培养他们的情商和同理心。

第二节　大学生心理健康教育活动与工作坊

一、大学生心理健康教育活动体系构建

（一）大学生心理健康教育活动的特点和原则

大学生心理健康教育活动具有鲜明的特点。

1. 针对性强

在大学阶段，学生身处转折期，面对着来自学业、人际关系、职业规划等多方面的巨大压力和挑战。因此，针对性强的心理健康教育活动成为迫切需要，以帮助大学生更好地适应这一阶段的生活。

第一，大学生心理健康教育活动需要深入了解大学生的年龄特点。在大学阶段，学生正处于身心发展的关键时期，他们面临着身份认同、自我探索、独立性等诸多心理发展任务。因此，针对性的教育活动应该充分考虑到这些特点，从而更好地满足学生的需求。

第二，教育活动需要紧密结合大学生的心理需求。大学生常常面临着压力、焦虑、抑郁等心理问题，因此，心理健康教育活动应该针对这些问题，提供相应的帮助和支持。通过引导学生认识到自身的心理问题，并提供有效的应对策略，可以帮助他们更好地调节情绪，提升心理素质。

第三，教育活动需要针对大学生所面临的挑战进行设计。大学生面临着学业压力、人际关系问题、职业规划困惑等多方面的挑战，因此，心理健康教育活动应该提供相应的知识和技能，帮助他们更好地应对这些挑战。例如，可以通过提供学习技巧、人际沟通技巧、职业规划指导等方式，帮助学生增强应对挑战的能力，提升心理韧性。

2. 实践性强

通过实践性的活动，学生可以更加直观地感受到心理健康教育的重要性，并且能够培养他们解决实际问题的能力，这是一种非常有意义的学习方式。首先，实践性的心理健康教育活动可以加深学生对理论知识的理解和体验。在活动中，学生不是被动接受知识，而是通过实际操作、体验和应用等，将理论知识转化

为自己的经验。例如，通过模拟场景、角色扮演等方式，学生可以更加深入地理解和体验到心理健康问题的本质和影响，从而加深对心理健康重要性的认识。其次，实践性的活动有助于培养学生解决实际问题的能力。心理健康教育不仅仅是传授知识，更重要的是培养学生应对挑战和解决问题的能力。通过实践性的活动，学生可以积极参与实际案例分析、团队合作等活动，从中学习到解决问题的方法和策略，并且在实践中不断地提升自己的能力和素养。最后，实践性的心理健康教育活动还能够促进学生的自我认知和成长。通过参与实践性的活动，学生可以更加深入地了解自己的优势和不足，认识到自己在处理情绪、应对压力等方面存在的问题，并且学会寻求帮助和改进。这种自我认知的过程是学生成长和发展的重要组成部分，对于他们未来的生活和工作都具有重要的意义。

3.预防与干预相结合

大学生心理健康教育活动之所以强调预防与干预相结合，是因为其意识到心理健康问题的复杂性和多样性，既需要预防措施降低问题的发生率，也需要及时有效的干预来帮助已经出现问题的学生。这种综合性的教育策略，能够全面保障大学生的心理健康，实现心理健康教育的最终目标。

第一，预防性的教育是心理健康教育活动的重要组成部分。通过预防性的教育，学生可以提前认识到可能存在的心理健康问题，并学会有效的应对方法。例如，教育学生认识到压力和焦虑可能对心理健康造成的影响，教授他们应对压力的有效方法，如积极的情绪调节、良好的时间管理等。通过这种方式，可以有效地降低心理健康问题的发生率，预防问题的发展和恶化。

第二，干预性的教育是心理健康教育活动的另一重要内容。尽管预防措施可以降低心理健康问题的发生率，但是总会有一部分学生出现心理问题。在这种情况下，及时有效干预显得尤为重要。通过干预性的教育，可以帮助那些已经出现问题的学生及时得到帮助，避免问题进一步恶化。例如，教育学生如何识别自己的心理问题，引导他们寻求专业的心理咨询和支持，以及提供针对性的心理健康服务等。

第三，预防和干预的教育活动需要相互配合，形成一个完整的教育体系。预防性的教育可以帮助学生提前认识到心理健康问题，并学会应对方法，从而降低问题的发生率；而干预性的教育则可以帮助那些已经出现问题的学生及时得到帮助，避免问题进一步恶化。通过这种综合性的教育策略，可以全面保障大学生的心理健康，促进他们的全面发展。

（二）心理健康教育活动体系的构成要素

心理健康教育活动体系的构建，主要基于三大核心要素：

1. 设定清晰的教育目标

这不仅是引导整个体系前行的灯塔，更是衡量教育成效的标尺。对于大学生而言，心理健康教育的目标不仅局限于增强他们的心理素质，更在于提升他们的心理适应能力，以及有效预防和解决心理问题。这样的目标设定，旨在助力大学生实现更为全面的健康发展。

（1）增强心理素质

心理素质是指个体在面对各种生活挑战和压力时所表现出的心理稳定性和抗压能力。通过心理健康教育，学生可以学习到有效应对压力和情绪管理的技能，增强自我认知和情绪调节能力，提升心理韧性。这种心理素质的增强不仅有助于学生更好地应对大学生活中的各种挑战，还能够为他们未来的职业生涯和社会生活奠定良好的心理基础。

（2）提升心理适应能力

心理适应能力是指个体在面对环境变化和生活压力时所表现出的调整和适应能力。通过心理健康教育，学生可以学习到如何更好地适应大学生活的各种挑战和压力，如学业压力、人际关系问题等。他们将学会积极应对挑战、调整心态、寻求支持，并逐渐建立起健康、积极的心理适应模式，以更好地适应大学生活的各种变化和挑战。

（3）有效预防和解决心理问题

大学生面临着诸如学业压力、人际关系问题、职业规划困惑等各种心理问题，这些问题可能会对他们的学业、生活和健康产生负面影响。因此，通过心理健康教育，学生可以学习到如何识别自己的心理问题，学会有效的应对策略，同时也能够得到及时的心理支持和干预。这样，可以帮助他们在面对心理问题时更加从容和有效应对，避免问题进一步恶化，从而保障其心理健康和全面发展。

2. 提供多元化的教育内容和方法

在教育内容上，应全面覆盖心理健康知识、心理调节技巧以及情绪管理等多个领域,以满足大学生多样化的心理需求。在教育方法上,则应注重将课堂教学、实践活动以及心理咨询等多种形式有机结合,以实现理论与实践的完美融合,进而提升教育的吸引力和实用性。

(1) 多元化的教育内容

在教育内容上,大学生心理健康教育应该涵盖多个领域,以满足学生多样化的心理需求:

①心理健康知识:这是教育的基础,包括心理学基础知识、常见心理问题及其原因、心理障碍的识别与处理等内容。学生需要了解心理健康的概念、重要性以及与身心健康相关的基本知识,以建立正确的心理健康观念。

②心理调节技巧:学生需要学习各种心理调节技巧,如放松训练、认知重建、情绪调节等,以应对生活中的各种挑战和压力。这些技巧能够帮助他们更好地应对学业压力、人际关系问题等,保持心理健康。

③情绪管理:学生需要学会有效管理自己的情绪,包括情绪识别、情绪表达、情绪调节等方面的技能。这有助于他们更好地处理人际关系、解决冲突,以及更好地适应各种生活事件。

④人际关系与沟通技巧:大学生处于一个社交活跃的阶段,他们需要学习良好的人际关系与沟通技巧,以建立健康的人际关系,增强社交能力,预防心理问题的发生。

(2) 多元化的教育方法

在教育方法上,应采用多种形式的教学方式,以实现理论与实践的有机结合,提升教育的吸引力和实用性:

①课堂教学:通过课堂教学,向学生传授心理健康知识和技能。可以采用讲授、案例分析、小组讨论等多种方式,使学生在课堂上获得系统、全面的知识。

②实践活动:安排各种实践活动,让学生在实际操作中学习和体验。可以组织心理调节训练、情绪管理训练、角色扮演等活动,使学生能够将理论知识应用到实际生活中,并加深对知识的理解。

③心理咨询与辅导:提供心理咨询与辅导服务,为有心理问题的学生提供及时的帮助和支持。可以设立心理咨询中心或提供在线心理咨询服务,让学生可以随时随地获得专业的心理支持。

④互动交流:注重师生之间的互动交流,鼓励学生分享自己的心理体验和

问题，促进学生之间的互助与支持，构建积极向上的学习氛围。

3.实施科学有效的教育评价

在评价过程中，既要关注学生在活动中的表现，也要深入评估他们在心理健康方面的成长和进步。通过这样的评价机制，我们可以及时发现教育活动中存在的短板和不足，为进一步完善和优化教育活动提供有力依据。同时，科学有效地评价也能有效激发学生的学习热情和自信心，推动他们在心理健康的道路上实现自我成长和超越。

（1）设立多维度评价指标

科学有效的教育评价需要建立多维度的评价指标体系，以全面评估学生在心理健康教育活动中的表现和成长：

①认知水平评价：对学生在心理健康知识方面的掌握程度进行评估，包括知识理解、知识应用等方面的能力。可以通过课堂测试、论文写作、小组讨论等方式进行评价。

②技能掌握评价：对学生在心理调节技巧、情绪管理等方面的掌握程度进行评估，包括技能的熟练程度、应用能力等方面。可以通过实践性活动、案例分析、角色扮演等方式进行评价。

③态度与价值观评价：对学生对心理健康的态度和价值观进行评价，包括对心理健康的认识、对心理问题的态度、对心理健康服务的态度等方面。可以通过问卷调查、访谈等方式进行评价。

④心理健康水平评价：对学生的心理健康水平进行评价，包括心理问题的发生率、心理健康水平的变化等方面。可以通过心理测试、心理咨询记录等方式进行评价。

（2）综合利用定性和定量方法

科学有效的教育评价应综合利用定性和定量方法，以获取更全面、准确的评价结果：

①定性方法：通过开放式的访谈、观察记录等方式，获取学生在心理健康教育活动中的主观感受和体验，了解其在心理健康方面的成长和进步情况。

②定量方法：通过量化的问卷调查、测试评估等方式，获取学生在认知水平、技能掌握等方面的具体数据，从而量化评价学生的表现和成长情况。

③综合利用定性和定量方法可以相互补充，使评价结果更加客观、全面。

（3）及时反馈和持续改进

科学有效的教育评价应该及时将评价结果反馈给相关教育者和学生，帮助学生了解自己的表现和成长情况，发现存在的问题和不足之处。同时，应建立持续改进的机制，根据评价结果不断优化和调整教育活动，提高教育质量和效果。

通过以上多维度、定性与定量相结合的科学评价方法，可以全面、准确地评价学生在心理健康教育活动中的表现和成长情况，为进一步完善和优化教育活动提供有力支持，推动学生在心理健康方面的自我成长和超越。

（三）大学生心理健康教育活动体系的构建过程

1. 需求分析与目标设定

构建大学生心理健康教育活动体系的首要步骤是进行深入的需求分析。这一过程需要全面了解大学生的心理需求、困扰和挑战，包括对学术压力、人际关系、自我认同等方面的关注。通过调查、访谈和观察等方法，收集大学生的真实需求和意见，为后续的体系构建提供依据。在需求分析的基础上，明确教育目标是至关重要的。目标应涵盖促进大学生心理素质的提升、提高心理适应能力、预防和解决心理问题等多个方面，并根据大学生的实际情况和发展需要制定具体的、可操作的目标。这些目标将作为整个教育活动体系的指引，确保教育活动的针对性和有效性。

2. 活动内容与形式的设计

在明确目标之后，接下来是设计和策划心理健康教育活动的内容与形式。内容应涵盖心理健康知识、心理调节技巧、情绪管理等多个方面，确保全面性和系统性。同时，应根据大学生的特点和需求，注重内容的实用性和可操作性。活动形式应多样化，结合课堂教学、小组讨论、角色扮演、案例分析等多种形式，以提高大学生的参与度和体验感。此外，利用现代信息技术手段，如线上课程、心理测评软件等，可以丰富教育活动的形式，提升大学生的积极性和主动性。

3. 资源整合与实施策略

为了确保心理健康教育活动的顺利实施，需要整合各方面的资源，包括师资力量、场地设施、时间安排等。同时，应积极争取学校、家庭和社会的支持与合作，形成教育合力，共同推动大学生心理健康教育的有效开展。实施策略方面，要注重实践性和持续性。在实践中不断总结经验教训，优化和完善教育活动，形成科学合理的教育体系。此外，还要关注大学生的个体差异和特殊需求，提供个性化的心理辅导和支持。通过持续努力和改进，确保心理健康教育活动的长期效益。

4. 评价与反馈机制的建立

为了不断提升教育活动的质量和效果，需要建立有效的评价与反馈机制。评价应注重过程与结果相结合，既关注活动的过程管理，也要评估大学生的心理健康状况和成长进步。评价方法可采用问卷调查、观察记录、心理测评等多种手段，以确保评价的客观性和准确性。反馈机制的建立是关键环节之一。通过收集和分析大学生的反馈意见，及时了解活动的效果和存在问题，为进一步改进和完善教育活动提供依据。

（1）评价方法与手段

建立有效的评价与反馈机制需要多样化的评价方法与手段：

①问卷调查（附录三）：设计问卷针对活动的各个方面进行评价，包括活动内容的丰富程度、参与度、满意度等。问卷设计应考虑到问题的清晰性、客观性和可操作性，以保证数据的准确性和可信度。

②观察记录：安排专业人员或教师进行活动现场的观察记录，包括学生的参与情况、表现和互动情况等。观察记录可以提供客观的行为数据，帮助评价活动的实际效果和影响。

③心理测评：利用心理测评工具对学生的心理健康状况进行评估，包括心理压力、情绪状态、人际关系等方面。通过心理测评可以客观地了解学生的心理健康水平，评估教育活动对学生心理健康的影响。

（2）反馈机制的建立与运作

建立有效的反馈机制是评价体系的关键环节，可以通过以下方式实现：

①收集反馈意见：设立反馈渠道，鼓励学生和参与者积极提出对活动的意见和建议。可以通过在线反馈表、邮件、面谈等方式收集反馈意见，确保信息的及时性和全面性。

②分析评价结果：对收集到的评价数据进行系统分析和整理，发现存在的问题和改进的空间。可以利用统计分析软件进行数据处理和分析，从中提炼出关键问题和优化方案。

③及时反馈与改进：将评价结果及时反馈给相关教育者和参与者，共同探

讨问题的解决方案和改进措施。在下一轮教育活动中及时调整和改进，以提升活动的质量和效果。

（3）学生参与沟通交流

为了加强反馈机制的有效性，需要积极促进学生的参与沟通交流：

①鼓励学生参与：建立开放式的沟通渠道，鼓励学生积极参与评价和反馈过程。可以通过班会、小组讨论、意见箱等形式收集学生的意见和建议。

②加强沟通交流：教育者和学生之间要保持密切的沟通与交流，及时了解学生的需求和反馈。可以定期组织座谈会、交流活动等，听取学生的意见和建议，共同促进教育活动的持续改进和发展。

二、工作坊教学模式在大学生心理健康课程中的应用

在我国大学教育方针政策要求下，各高校都开设了大学生心理健康课程，不管是必修课还是选修课的形式，都成为高校开展心理健康教育工作的重要途径。但是，这门课程的授课模式大多以主题讲座的方式进行，教学方法比较单一，效果也不甚理想。而大学生心理健康教育这门课程，是一门集知识、实践和应用为一体的课程，注重的是学生内在素质的培养。所以，如何根据大学生的身心特点，构建出科学、合理、有效的教学模式，是大学生心理健康教育的重要课题。

（一）工作坊教学模式内涵

工作坊教学模式，是指在教师的引导下，形成30~40人的小团体就某个主题通过活动的形式开展的教学。在整个过程中，改变了传统的"以课本为主、以教师为中心、以实践活动为载体"的教学方式，形成"以学生为中心、突出实践活动、多种学习方式并存"的实践教学模式。在教学过程中，将理论知识的讲解与团体心理辅导的各种活动相结合。通过游戏、绘画投射、小组讨论、同伴启示等形式，将教学内容贯穿在这些趣味性团体活动中。通过体验—分享—交流—整合—应用等环节，在活动中体验，在体验交流分享中获得感悟，并将所学方法、技巧内化并运用到实践中。工作坊教学模式相较于团体心理辅导，增加了必要的理论知识传授部分，做到了心理健康知识的普及，同时也获得了普通课堂无法获得的成长体验和应用实践。

1. 工作坊教学模式的特点与内涵

工作坊教学模式作为一种实践性教学方法，具有以下特点和内涵：

（1）以学生为中心

工作坊教学模式以学生为中心，将学生视作学习的主体，强调学生的参与和主动性。在传统的教学模式中，教师往往扮演主导角色，学生则处于被动接受的状态。相比之下，工作坊教学模式更加注重学生的主动参与和自主学习。在工作坊中，学生有机会自由表达自己的想法和观点，与同学分享经验，共同探讨问题。这种学生参与的教学模式能够激发学生的学习兴趣，提高学习的积极性和主动性。

在工作坊中，教师不再是简单地向学生传授知识，而是扮演着引导者和促进者的角色。教师需要充分尊重学生的主体地位，关注学生的需求和意见，积极倾听和引导学生的思考。通过与学生的互动和交流，教师可以更好地了解学生的学习情况和学习需求，有针对性地进行教学设计和指导，从而提高教学的有效性和学习的质量。

（2）以实践活动为核心

工作坊教学模式将实践活动作为教学的核心，通过各种形式的实践活动，让学生在实践中学习、体验和探索。这种实践性的学习方式能够更好地激发学生的学习兴趣和动力，提高他们的学习效果和学习体验。

在工作坊中，实践活动可以采用多种形式，如游戏、绘画、角色扮演、模拟演练等。通过这些实践活动，学生可以更加直观地理解和掌握所学知识，培养解决问题的能力和实践能力。例如，在心理健康教育的工作坊中，可以通过角色扮演的方式模拟真实的情境，让学生体验并学习如何有效应对压力和情绪管理。

（3）多种学习方式并存

工作坊教学模式采用多种学习方式并存的教学手段，包括游戏、绘画、小组讨论等形式。这种多样化的学习方式可以满足不同学生的学习需求和学习风格，提高教学的灵活性和针对性。

通过多种学习方式的组合应用，可以更好地激发学生的学习兴趣和动力，增强学生的学习体验。例如，有些学生更喜欢通过游戏的方式学习，而另一些学生则更喜欢通过小组讨论的方式学习。工作坊教学模式能够满足不同学生的学习偏好，让每个学生都能够在学习中找到自己感兴趣的点，并获得更好的学习效果。

（4）理论知识与实践相结合

工作坊教学模式将理论知识的讲解与实践活动相结合，通过活动的形式将理论知识贯穿其中，让学生在实践中理解和应用所学知识。这种理论与实践相结合的教学方式能够增强学生的学习效果和实践能力。在工作坊中，教师不仅向学生传授理论知识，还通过实践活动的引导和实践经验的分享，让学生在实践中深入理解和应用所学知识。

（二）工作坊教学模式在大学生心理健康课程中的有效性探索

1.注重理论与实践相结合，真正促进学生的成长

大学生心理健康课程主要是为了提升学生心理素质，培养学生自我心理调节能力，重要的是让学生将所学习的心理学知识内化到心灵深处，化为自我成长和完善的自觉行动力。在传统的教学模式下，大部分是以老师为主讲的讲座模式，一次课一个主题，所讲授的知识有限，以理论知识讲解为主，应用实践环节缺乏，即便学再多的理论，懂再多的方法，对所学的知识技能内化到学生内心的效果收效甚微，也很难对自身的心理健康发展起到作用。工作坊教学模式下，每个主题6次课程，可以就某个问题进行全面的探讨，同时注重理论与实践结合。在情景活动的设计中，更多地来自现实生活的真实情景再现。通过教师的引导，使得学生获得领悟、内化，并付诸实践，在过程中就完成了学生成长。

2.课程设计的趣味性，能够充分调动学生的自主性

工作坊教学模式是根据主题和教学目标精心设计相关的活动和内容，主要引导学生对活动情境的感知、体验与领悟，实现真实生活情景的再现，吸引学生积极、主动投入到活动中。这些活动的设计活泼有趣，贴近生活，又由活动引出相关的理论知识，符合大学生追求新颖、喜欢探索的心理特征。同时，他们又注重自我感受、希望受到尊重，有趣的活动设计可以营造出一种愉快的学习氛围，调动他们的积极性，激发学生的学习兴趣和热情。此外，在教学过程中，教师与学生平等地就问题进行积极讨论交流，共同分享，互相启发，而不再以教师为中心，充分发挥了学生参与学习的主体性，使学生更加积极、主动、

自觉地投入学习。

3.完全以学生为中心，满足学生的心理需求

在整个教学过程中，以学生的体验、讨论、表达为主，鼓励学生更多地表达自己内心的想法、感悟，他们在生活中遇到的困扰也可以及时跟老师进行沟通，获得老师的指导。教师会按照学生在活动中的各种反应，及时对教学内容进行调整，关注到每一位同学，真正做到以学生为中心，教师为其服务。

4.团体氛围的形成促进了问题的解决

在工作坊教学模式下，注重团体的形成。在团体中，很多同学会发现自己的问题是很多人都面临的问题，很容易引起共鸣，同时也会减少问题带来的紧张和压力。在温暖、包容、民主、安全、支持的团体氛围下，学生可以更好地开放自己，自由地表达，尽情地宣泄，通过相互沟通，无形中获得心理上的支持。同时，团体也是学生实践的场所，将所学知识得以应用。团体就像一面镜子，反映出生活中出现的问题，如人际交往、情绪管理等问题，在其中都可以得以解决。

（三）工作坊教学模式在大学生心理健康课程中的应用探索

大学生心理健康教育课程内容主要包括大学生的适应问题、自我意识、人格发展、学习心理、情绪管理、人际关系、压力管理及挫折应对、性心理和恋爱心理、职业生涯规划等专题。每个主题进行6次活动，每次两个学时。工作坊教学结合各专题的教学内容和目标，精心设计教学方案。每次活动从体验—分享—交流—整合—应用等环节展开，对话与沟通贯穿整个过程。使学生在互动、分享、体验的活动中领会知识、掌握概念，形成相应的情感、态度和价值观，提高心理健康水平。具体从下面几个方面建构。

1.工作坊教学方案的设计

在教学内容的设计中，我们首先应该确定清晰的课程目标。这些目标应该包括知识、情感和能力等层面，以确保学生在多方面都能得到充分发展。为了更好地了解学生的需求，我们可以采用多种方式，如问卷调查、个别访谈等，以便深入了解他们在特定主题下的需求和困惑。这样设计的教学内容就能更好地贴近学生的实际需求，使教学更具针对性和实效性。

其次，活动设计是教学方案中至关重要的一环。活动应该紧密结合课程主

题，并围绕课程目标展开，以确保学生能够学习和掌握心理学理论和知识技能。在设计活动情境时，需要考虑如何引发学生的兴趣，激发他们的学习热情，让他们能够积极主动地参与其中。为了达到这一目的，可以尝试设计各种各样的活动形式，如小组讨论、角色扮演、案例分析等，以吸引学生的注意力并增强他们的参与感。同时，还应该尽可能地创设真实的情境，让学生能够在活动中获得具体而直接的经验，从而更好地理解和应用所学知识。

在整个教学方案的设计过程中，需要注重专业性和学术价值。这意味着不仅需要对心理学理论和知识有深入地了解，还需要不断更新自己的知识，紧跟学科发展的最新趋势。此外，还应该注重教学方法和手段的科学性和有效性，确保设计的教学方案能够真正达到预期的教学效果。设计工作坊教学方案是一项既复杂又具有挑战性的任务，但只要充分考虑到课程目标和学生需求，并采取科学有效的教学方法，就能够设计出具有深度和专业性的教学方案，为学生的学习提供有力的支持。

2.工作坊教学方案的实施

（1）情景体验

活动开始时，教师的引导至关重要。需要创造一个引人入胜的情景，让学生真正沉浸其中。这一过程需要教师灵活运用提问技巧，引导学生从多个角度、多个层次去观察事实的发生。通过提出开放性问题，教师可以激发学生的思考，帮助他们深入理解情景的复杂性和多样性。同时，教师还应该注重引导学生认识在活动过程中个人的情绪和情感体验。这意味着教师需要创建一个安全、支持性的环境，让学生敢于表达自己的情感，并且愿意与他人分享内心的体验。

在活动进行过程中，教师需要密切关注学生的心理状态。可以通过观察学生的表情、姿态和言辞等方式，及时了解学生的情绪变化。同时，教师还可以运用心理学的知识和技巧，帮助学生更好地认识和理解自己的情绪体验。通过与学生的互动，教师可以了解到学生在体验过程中的各种反应，并及时记录下来。这些记录不仅可以为教师后续的分析和总结提供依据，也可以为学生的个体辅导提供参考。

在活动结束后，教师可以组织学生进行交流与分享。通过分享自己的情感体验和观察感悟，学生可以更深入地理解情景的内涵和意义。在这个过程中，教师可以起到引导和促进的作用，帮助学生将自己的体验与课程内容进行关联和整合。同时，教师还可以提供专业的反馈和建议，指导学生更好地应对情绪体验，提升心理素质和情商。

（2）分享交流

分享交流在课程中扮演着至关重要的角色，它不仅仅是学生表达自己的机会，更是一种对感知经验进行整理加工、加深内化的过程，同时也是学生表达能力提升的关键环节。在分享交流的过程中，师生之间的交流与学生之间的交流都发挥着重要作用。

在师生交流中，教师扮演着引导者和指导者的角色。他们不仅仅是知识的传授者，更应该是学生学习过程的引导者和学习者。教师通过引导学生了解知识产生的过程、内涵和应用，帮助他们对所学知识有更深层次地理解。同时，教师还要关注学生可能存在的困惑和疑问，及时进行疏导和点拨，以确保学生在分享交流过程中能够得到有效指导和支持。

学生之间的交流与分享是课程中的另一个重要环节。当学生分享相同的发现和感受时，他们会感受到心理上的认同感和归属感，这有助于增强学生的集体凝聚力和团队意识。而当学生分享不同的发现和感受时，这将促进思想的碰撞和融合，使他们产生新的体验和感悟，从而推动自我完善与成长。

通过分享交流，学生不仅能够表达自己的想法和感受，还能够倾听他人的观点和经验，从而开阔自己的视野，提升自己的认知水平。这种交流不仅仅是知识的传递，更是一种思想的碰撞和交流，有助于激发学生的创造力和创新能力。同时，通过与他人的交流与分享，学生还能够提升自己的沟通能力和表达能力，这对他们未来的学习和工作都具有重要意义。

（3）整合应用

在教学过程中，将分享交流所获得的零散知识片段整合成系统的心理学知识，并引导学生将其应用到日常生活和学习中，是教学实践中至关重要的一环。这种整合与应用不仅是对所学知识的实践验证，更是对自我认知和行为改变的重要推动。

通过分享交流，学生不仅能够获取来自教师和同学的心理学知识片段，还能够从中感受到心理学理论的逻辑和内在联系。教师可以运用心理学理论，引导学生对所学知识进行系统整合，帮助他们理清知识间的关联和逻辑。例如，通过认知理论的引导，学生可以了解到思维方式与情绪体验之间的密切联系，从而更好地理解自己的情绪反应和行为模式。

将心理学知识应用到日常生活和学习中是教学的关键目标之一。通过教学实践，学生可以将所学理论与实际生活相结合，运用心理学的知识解决实际问题。例如，通过学习情绪管理的方法，学生可以在日常生活中更好地处理情绪，提高应对压力的能力；通过学习学习方法和记忆技巧，学生可以提高学习效率，更好地掌握知识。

在教学过程中，教师需要充分尊重每位学生的个性特点和情感体验。他们应该创造一个开放、包容的学习氛围，鼓励学生自由言论，分享自己的想法和感受。同时，教师还应该引导学生互相尊重，不批评、不评价他人，以建立和谐、温暖、包容、安全的学习环境。只有在这样的氛围中，学生才能真正地敞开心扉，将所学知识与个人经验相结合，形成新的认知和行为方式，实现个人的成长与提升。

3. 工作坊模式的效果评价

大学生心理健康课程的效果评价更加注重学生心理和行为的改变，可以通过心理测验、自我评价和他人评价、行为观察等多种方法对心理健康教育课程的教学效果进行全面评估。同时，教师尤其要重视学生的反馈，并根据反馈不断对教学情况进行总结，并由此调整相应的教学设计和教学方法，把工作坊教学模式更好地运用到大学生心理健康课程中。

（1）方法一：心理测验

心理测验是一种常用的评价方法，可以客观地测量学生心理健康状况的变化。通过在课程开始前和结束后进行心理测验，可以评估学生在课程学习过程中心理状态的变化。常用的心理测验工具包括焦虑量表、抑郁量表、自尊量表等。这些量表可以帮助评估学生在心理健康课程中是否有明显的改变，以及改变的程度。

（2）方法二：自我评价和他人评价

除了心理测验外，自我评价和他人评价也是评估心理健康教育课程效果的重要手段。学生可以通过填写问卷或参加小组讨论等方式进行自我评价，以了解他们对自己心理健康状况的认识和评价。同时，教师和同学的评价也是评估的重要来源，他们可以从不同的角度提供反馈，帮助学生更好地认识自己的心理健康状况。

（3）方法三：行为观察

除了量化的评价方法外，行为观察也是评估心理健康课程效果的重要手段之一。通过观察学生在课堂上的表现、参与度以及课后的行为变化，可以更直观地评估课程对学生行为的影响。例如，是否有更多的学生愿意表达自己的情感，是否有更多的学生愿意主动寻求帮助等。

第六章 大学生心理咨询服务项目的改进举措

第一节 发展综合性心理咨询服务平台

一、建设全面覆盖的心理咨询服务平台

（一）网络平台的建设

网络平台的建设应注重全面覆盖，提供多样化的咨询服务以满足不同需求。首先，平台应包括心理健康教育、情感问题咨询、学业压力辅导等多个服务板块，确保学生在不同的心理需求上都能找到对应的帮助。其次，平台应具备多语言支持和文化敏感性，尤其在全球化的教育背景下，不同族群和文化背景的学生对心理健康的理解和需求各有不同。平台需要提供适合他们的咨询服务，确保心理健康教育的普及性和有效性。最后，平台应具备丰富的资源库，包括心理健康知识文章、视频讲座和互动课程等，方便学生自助获取信息和学习心理健康知识。

（二）在线预约系统的搭建

搭建一个高效的在线预约系统是平台的重要组成部分。学生可以通过网络平台预约心理咨询师，选择适合自己时间的咨询方式，如面对面咨询、电话咨询或在线聊天咨询等。这不仅提供了方便快捷的服务，也能够减少学生在寻求帮助过程中的心理压力。预约系统应支持实时更新，确保咨询师的时间安排透明可见，学生可以灵活选择最合适的时间进行咨询。同时，为了提升用户体验，预约系统应具备自动提醒功能，在咨询前通过短信或邮件提醒学生，确保他们不会错过预约时间。

（三）智能匹配算法的引入

引入智能匹配算法，根据学生的需求特点和咨询师的专业背景，自动匹配

合适的心理咨询师。这一功能可以大大提高咨询服务的精准度和效率，确保学生能够得到最适合的帮助。算法应综合考虑学生的心理状况、问题类型、咨询偏好以及咨询师的专业领域、经验和可用时间等，从而提供最佳的匹配建议。为了进一步提升匹配的效果，平台可以引入初步评估环节。通过问卷或初步面谈了解学生的详细情况，增强匹配算法的准确性。此外，平台应提供反馈机制，让学生在咨询后评价咨询效果，不断优化匹配算法的性能。

二、强化技术支持与信息化管理

（一）心理咨询管理系统的开发

开发一个专业的心理咨询管理系统，整合咨询记录、学生信息、咨询师排班等管理功能，实现信息化管理和数据统计分析。系统应具备高度的安全性，保护学生的隐私和数据安全。通过系统化的管理，可以提高咨询服务的效率和质量，并为后续的质量评估提供数据支持。管理系统还应具备自动化功能，如自动生成咨询报告、提醒咨询师安排后续跟进等，提高管理的便捷性和智能化水平。系统的开发应结合实际需求，提供定制化的功能模块，满足不同学校和机构的具体管理需求。

（二）远程咨询技术的引入

引入远程咨询技术，实现异地咨询和在线咨询，为远离校园或需要隐私保护的学生提供更便捷的服务。远程咨询技术包括视频通话、语音通话和文字聊天等多种形式，学生可以根据自己的需求和舒适度选择合适的方式进行咨询。为了确保远程咨询的效果，平台需要提供高质量的技术支持和安全保障，确保咨询过程的流畅和隐私保护。此外，远程咨询还应考虑时差和语言障碍等因素，提供灵活的时间安排和多语言支持，确保每一位学生都能顺利进行咨询。

（三）大数据与人工智能技术的结合

结合大数据和人工智能技术，分析学生的咨询需求和心理特征，提供个性化的服务建议和心理健康管理方案。通过大数据分析，平台可以识别出学生群体中普遍存在的心理问题，提供针对性的教育和预防措施。人工智能技术可以实现精准的服务定位，根据学生的历史咨询记录和心理状态变化，推荐最适合的咨询服务和资源。此外，平台可以开发智能聊天机器人，提供24小时在线的初步咨询和心理健康知识解答，帮助学生在第一时间得到帮助和指导。

三、优化用户体验与服务流程

（一）用户友好界面与操作流程设计

设计用户友好的界面和操作流程，简化学生的咨询申请和预约流程，减少不必要的信息输入和等待时间。用户界面应清晰简洁，操作步骤应直观易懂，帮助学生在最短的时间内完成咨询申请。平台还应提供详细的使用指南和常见问题解答，帮助学生解决在使用过程中遇到的问题。通过优化用户体验，提高学生对心理咨询服务的满意度和信任度，从而增加他们寻求帮助的意愿。

（二）多元化的咨询方式与时间安排

提供多元化的咨询方式和时间安排，满足学生不同时间段和个人喜好的咨询需求。例如，开设晚间或周末的咨询时段，方便有课业或工作安排的学生进行咨询。平台还应提供灵活的咨询方式选择，包括面对面、电话、视频和在线聊天等，让学生可以根据自己的需求和舒适度选择最合适的方式。通过灵活的安排和多样的选择，确保每一位学生都能方便地进行心理咨询，得到及时的帮助。

（三）服务跟踪与后续辅导

加强服务跟踪和后续辅导，建立学生心理健康档案和跟进机制，定期跟进学生的咨询效果和心理状态变化，提供持续的支持和指导。心理健康档案应详细记录学生的咨询历史、心理评估结果和心理状态变化等，便于咨询师进行持续的跟进和评估。平台还应建立反馈机制，定期向学生了解咨询效果和满意度，根据反馈调整和改进咨询服务。通过持续的支持和指导，帮助学生有效管理和改善心理健康，提高他们的整体幸福感和生活质量。

第二节 构建新技术支持的心理危机干预系统

一、设立快速响应机制与紧急援助计划

（一）建立 24/7 的心理危机响应机制

在建立 24/7（即每天 24 小时，每周 7 天不间断运行）的心理危机响应机制方面，需要考虑多方面的因素以确保其有效性和实用性。首先，关键是确定紧急联系方式，这一步骤至关重要，因为学生可能会在任何时间遇到心理危机，

需要紧急援助。因此，建立电话热线、在线聊天等多种形式的联系方式是必不可少的。电话热线是最直接和传统的方式，适用于那些情绪激动或紧急情况下无法通过文字表达的学生。而在线聊天则提供了另一种便捷的沟通方式，尤其适用于那些更愿意通过书面方式表达情绪的学生，也为那些在公共场合难以打电话的学生提供了隐私保护。其次，24/7的心理危机响应机制需要建立清晰明确的运作流程。这包括建立危机响应团队，明确团队成员的职责和权限，确保在任何时候都有足够的人员可以提供紧急援助。在流程设计上，需要考虑到不同情况下的应对方式，如针对自杀风险、暴力倾向、严重焦虑等不同类型的心理危机制定相应的处理程序。这些流程需要在紧急情况下能够快速启动，并且在行动过程中能够保障学生的安全和隐私。最后，在建立24/7的心理危机响应机制时，还需要考虑如何确保其持续运作和有效性。这包括对人员的培训和支持，以及技术设施的维护和更新。团队成员需要接受针对心理危机干预的专业培训，以提高其应对紧急情况的能力和效率。同时，技术设施的更新和维护也是必不可少的，以确保学生在任何时间都能够顺利使用紧急联系方式进行沟通。

（二）制订详细的紧急援助计划

制订详细的紧急援助计划是保障心理危机响应机制顺利运作的重要步骤。这一计划需要涵盖应急处理流程、危机干预策略和资源调配方案等多个方面，以应对各类心理危机事件。首先，应急处理流程需要明确危机响应团队的组成和工作流程。这包括团队成员的角色和职责分工，以及紧急情况下的通信流程和指挥调度机制。在紧急情况下，需要能够迅速启动危机响应团队，并且确保团队成员能够及时到位，开展必要的危机干预工作。其次，危机干预策略是制订紧急援助计划的关键内容之一。针对不同类型的心理危机，需要制定相应的干预策略和应对措施。例如，在面对自杀风险的情况下，需要采取紧急干预措施，包括与学生建立联系、评估风险程度、提供安全支持等。而在面对暴力倾向或严重焦虑的情况下，可能需要采取不同的干预方法，如安抚情绪、引导学生寻求专业帮助等。最后，资源调配方案是确保紧急援助计划顺利实施的关键环节。这包括内部资源的调配，如人员、设施和物资等，以及外部资源的整合，如校医院、社会心理服务机构等相关部门的协作支持。

（三）建立危机干预志愿者团队

建立危机干预志愿者团队是完善心理危机响应机制的重要举措之一。志愿者团队可以为专业团队提供补充和支持，在紧急情况下提供及时的心理援助和陪伴，缓解学生的心理压力。首先，招募合适的志愿者是建立危机干预志愿者团队的第一步。志愿者应具备基本的心理援助技能和沟通能力，并愿意承担志愿者的责任和义务。招募过程可以通过校园宣传、招募活动和面试选拔等方式进行，以确保志愿者的素质和能力符合要求。其次，对志愿者进行系统的培训是建立志愿者团队的关键环节。培训内容应包括心理危机干预技能、沟通技巧、心理支持原则等方面的知识和技能。培训过程既可以由专业团队的成员负责，也可以邀请外部专家进行指导，以确保培训的专业性和有效性。另外，建立志愿者团队的运作机制也是必不可少的。这包括确定志愿者的工作范围和时间安排，建立志愿者的管理和督导机制，以及制定志愿者的服务准则和行为规范等。同时，需要建立志愿者与专业团队之间的协作机制，确保志愿者在紧急情况下能够与专业团队有效配合，共同为学生提供必要的心理支持和援助。再次，对志愿者的支持和激励也是建立志愿者团队的重要环节。学校可以为志愿者提供相应的培训和技能提升机会，为其提供必要的工作资源和支持，以激发其积极性和参与度。及时表彰和奖励表现突出的志愿者，鼓励更多的学生积极参与到志愿者团队中来。最后，建立志愿者团队的长效机制也是至关重要的。学校可以建立志愿者团队的定期评估和反馈机制，以及志愿者的持续培训和发展机制，为志愿者提供更多的成长和发展空间。建立志愿者团队的持续招募和更新机制，保持团队的活力和凝聚力，确保心理危机响应机制的持续运作和有效性。

二、整合新技术应用于危机干预与预防

（一）开发基于人工智能的心理危机预警系统

1.技术原理与方法

基于人工智能的心理危机预警系统是利用机器学习、数据挖掘和情感分析等技术，对学生的行为数据和情绪指标进行分析和监测，以发现可能存在的心理危机迹象。系统的技术原理主要包括以下四个方面：

（1）数据收集与处理

系统通过收集学生的多源数据，包括但不限于学习平台数据、社交媒体活动、移动设备使用记录等，将数据进行清洗、整合和处理，形成完整的学生行为数据集。

（2）特征提取与选择

在数据预处理之后，系统通过特征提取技术，从大量的原始数据中提取出与心理健康相关的特征。这些特征可能包括学习行为模式、社交互动方式、文字表达情感等方面的指标。

（3）模型建立与训练

基于提取的特征，系统利用机器学习算法建立预测模型，以识别学生可能出现心理危机的迹象。常用的算法包括决策树、支持向量机、神经网络等。通过对历史数据的训练和调优，不断提高模型的准确性和泛化能力。

（4）异常监测与预警

当系统检测到学生行为数据或情绪指标出现异常变化时，将触发预警机制，及时通知学校心理健康服务中心或相关人员进行干预。预警信息可以包括学生的异常行为模式、情绪波动趋势、可能的心理危机类型等，以便及时采取有效的干预措施。

2.数据安全与隐私保护

在开发基于人工智能的心理危机预警系统时，数据安全与隐私保护是至关重要的考虑因素。系统需要确保学生的个人隐私信息得到充分保护，同时保障系统的数据安全性和可信度。

（1）匿名化处理

在数据收集和处理过程中，系统应当采取匿名化处理措施，对学生的个人身份信息进行加密或屏蔽，以确保数据的匿名性和隐私性。

（2）权限控制

系统应当建立严格的权限控制机制，限制用户对敏感数据的访问和操作权限，防止数据被非法获取或滥用。

（3）数据加密

在数据传输和存储过程中，系统应当采用高强度的数据加密技术，保障数据的机密性和完整性，防止数据被窃取或篡改。

（4）合规性审查

在系统设计和运行过程中，应当遵守相关法律法规和行业标准，进行数据合规性审查，确保系统的合法性和合规性。

（二）推广虚拟现实技术在心理危机干预中的应用

虚拟现实技术在心理危机干预中的应用可以通过模拟情境训练和沉浸式体验，提高心理援助人员的应对能力和情绪调节技巧。

1. 心理援助人员的应对能力提升

虚拟现实技术可以提供高度仿真的情境训练，帮助心理援助人员在虚拟环境中接受各种心理危机事件的模拟训练，从而提高其应对能力和情绪调节技巧。这种训练可以涵盖多种情境，包括突发事件处理、紧急情况干预、危机辅导等，让心理援助人员能够在模拟情境中进行反复练习和实践，增强其应对危机的自信心和能力。

在虚拟现实情境中，心理援助人员可以面对虚拟的危机事件和挑战，与虚拟角色进行互动并进行干预行为。系统可以根据心理援助人员的反应和决策，提供即时的反馈和评估，帮助其及时发现和纠正错误，并逐步提高其在实际工作中的处理能力和效率。通过这种模拟训练，心理援助人员可以在安全的虚拟环境中接受挑战和压力，增强应对危机的能力和适应性，为实际工作中的心理干预提供更加有力的支持。

2. 学生的沉浸式心理干预体验

除了心理援助人员的训练外，虚拟现实技术还可以为学生提供沉浸式的心理干预体验。学生可以通过虚拟现实设备进入模拟的心理情境中，体验各种心理挑战和压力情境，如考试焦虑、人际关系冲突、情绪管理等。在虚拟环境中，学生可以与虚拟角色进行互动，尝试不同的应对策略和解决方案，体验不同选择的后果和影响。

通过这种沉浸式的心理干预体验，学生可以更加直观地感受到心理干预的效果和重要性，增强对心理健康的重视和意识。同时，学生在虚拟环境中的体验也可以成为他们的情绪情感输出，帮助心理援助人员更好地理解学生的内心体验和需求，提供更加贴近学生实际情况的心理支持和帮助。

（三）引入在线心理治疗平台

在线心理治疗平台是一种利用互联网技术为学生提供即时的心理危机干预和心理治疗服务的平台。通过视频会议、网络聊天等技术手段，学生可以与专业心理咨询师进行远程沟通和治疗，随时随地获得心理支持和帮助。这种方式可以克服时间和地点的限制，为那些无法到校园进行面对面咨询的学生提供便利。同时，在线心理治疗平台还可以提供多样化的治疗方式和个性化的服务，满足不同学生的需求和偏好。此外，平台还可以记录学生的治疗过程和反馈信息，为后续的干预和治疗提供参考和支持。

1.平台架构与功能设计

在线心理治疗平台的架构设计需要考虑到用户体验、安全性、功能完整性等方面，以满足学生的心理需求和保障隐私安全。以下是平台的功能设计：

（1）用户注册与个人资料管理

用户可以通过注册账户，并完善个人资料。平台需提供用户信息保护机制，确保用户隐私安全。

（2）在线心理咨询预约

学生可以在平台上预约心理咨询服务，选择心理咨询师、预约时间，并填写简要问题描述。

（3）实时心理咨询与治疗

平台提供实时的文字、语音和视频咨询功能，学生可以与心理咨询师进行远程沟通和治疗。咨询师能够根据学生的需求，提供个性化的心理支持和建议。

2.平台运营与管理

（1）心理咨询师管理

平台需要建立心理咨询师的专业资质审核机制，确保咨询师具备必要的专业背景和技能。同时，平台还需提供咨询师的培训和考核机制，持续提升其服务水平。

（2）用户反馈与评价

学生可以对心理咨询师和平台服务进行评价和反馈，平台应建立相应的反馈机制，及时收集用户意见和建议，不断改进服务质量。

（3）平台宣传与推广

为提高平台知名度和用户覆盖率，平台需要开展有效的宣传和推广活动，包括线上广告、校园宣传、合作推广等手段，吸引更多学生关注和使用。

（4）数据分析与优化

平台需建立数据分析系统，对用户行为数据、服务效果等进行统计和分析，发现问题并及时优化平台功能和服务，提升用户体验和治疗效果。

3.风险与挑战

（1）隐私安全风险

在线心理治疗平台涉及用户个人隐私信息，存在信息泄露和数据安全风险。平台需要加强隐私保护措施，确保用户信息的安全性。

（2）专业能力不足

部分心理咨询师可能缺乏在线心理治疗的经验和技能，影响服务质量和治疗效果。平台需要加强咨询师培训和质量管理，提升其专业能力。

（3）竞争与监管

在线心理治疗市场竞争激烈，同时也面临监管不足的问题。平台需要制定合规规范，遵循相关法律法规，规范平台运营和服务流程。

三、新技术应用于教育行业的心理咨询服务案例

随着新技术的迅速发展，心理咨询服务在大学生教育领域得到了广泛应用。以下是几个新技术应用于大学生心理咨询服务的典型案例，这些案例展示了新技术如何有效提升心理健康服务的质量和效率。

（一）北京某高校的智能心理健康平台

1.案例背景

北京某高校近年来在心理健康支持领域进行了积极探索，开发了一款基于人工智能的智能心理健康平台，旨在通过先进的技术手段为学生提供全面、个性化的心理健康支持。此举不仅是对传统心理咨询服务的升级，也代表了高校在应用新技术改善学生心理健康方面的前瞻性尝试。平台的建立响应了学生心理健康需求日益增长的趋势，致力于通过精准干预和高效服务，提升学生的整体心理健康水平。这一项目的开发不仅得到了校内师生的高度关注，也吸引了其他高校和心理健康领域专家的广泛兴趣，成为国内高校心理健康服务创新的典范。

2.技术应用

（1）人工智能预警系统

人工智能预警系统是该平台的核心功能之一。平台利用人工智能技术，结合学生在学习管理系统、社交平台和移动设备上的数据，通过自然语言处理（NLP）、情感分析和机器学习等技术，对学生的情绪和行为进行全面监测。

系统能够识别出潜在的情绪波动和行为异常，如学习成绩突然下降、在社交平台上发布消极言论或显著改变日常活动模式等。当系统检测到这些异常情况时，会自动触发预警机制，立即通知心理咨询团队采取干预措施。这种实时监测和预警机制不仅可以早期发现和预防心理危机，还能为咨询师提供丰富的数据支持，帮助其更精准地评估学生的心理状况和干预效果。

（2）智能匹配与预约系统

智能匹配与预约系统则通过先进的算法，根据学生的心理需求和咨询师的专业背景进行智能匹配，自动安排最合适的咨询师和时间。系统会综合考虑学生的心理问题类型、个人偏好、咨询师的专业领域和时间安排等因素，实现最优匹配。学生可以通过平台快速预约到心理咨询服务，极大地提高了咨询效率和服务质量。预约系统不仅提供了便捷的时间安排和提醒功能，还支持多种咨询方式，包括面对面、电话和在线咨询等，满足了不同学生的需求和偏好。这种个性化的匹配和灵活的预约机制，显著提高了心理咨询的可及性和学生的满意度。

（3）虚拟现实情境训练

虚拟现实（VR）情境训练是该平台的一项创新功能，为心理咨询师和学生提供了高度仿真的模拟训练环境。通过 VR 技术，咨询师可以在虚拟环境中进行各种危机干预训练，如处理突发心理危机、模拟应对学生的极端情绪等。学生则可以在虚拟现实中练习情绪管理和应对策略，如应对考试焦虑、模拟面试场景等。这种沉浸式的训练方式不仅可以提高咨询师的专业技能和应对能力，还能帮助学生在安全的环境中进行实践和练习，增强其心理韧性和应对能力。VR 情境训练通过提供多样化和个性化的体验，为心理健康教育和干预提供了新的可能。

3.效果与成果

（1）预警系统的成功预防

该平台的人工智能预警系统在实践中已成功预防了多起潜在的心理危机事件。通过对学生情绪和行为的实时监测，系统能够在问题初现时迅速做出反应，及时通知心理咨询团队进行干预。例如，在检测到学生频繁表现出抑郁或焦虑的迹象时，系统会立即提醒咨询师联系学生，进行必要的心理辅导和支持。这种主动的危机预防机制，有效避免了学生因未能及时获得帮助而发展成更严重的心理问题，显著提升了心理健康支持的及时性和有效性。

（2）智能匹配与预约系统的高效性

智能匹配与预约系统极大地提高了心理咨询服务的匹配度和响应速度。学生可以快速找到最适合自己的咨询师，并灵活安排咨询时间。这不仅减少了学生在寻求帮助过程中的等待时间，也提高了咨询师的时间利用率和工作效率。统计数据显示，自系统投入使用以来，学生的满意度显著提升，咨询服务的利用率也有明显增加。这种高效、精准的服务模式，为其他高校和心理健康服务机构提供了有益的参考和借鉴。

（3）虚拟现实情境训练的显著成效

虚拟现实情境训练帮助心理咨询师和学生显著提高了危机应对能力和情绪调节技巧。通过在虚拟环境中进行反复练习，咨询师能够更熟练地处理各种突发事件，提升了实际工作中的应对能力和专业水平。学生在虚拟训练中获得了更多的情绪调节和压力管理技巧，这些技能不仅在模拟环境中得到了锻炼，也在现实生活中得到了应用和体现。许多学生反映，VR训练帮助他们更好地应对学业压力和人际关系问题，提升了整体心理健康水平。

（二）上海某大学的在线心理治疗平台

1.案例背景

上海某大学在现代信息技术的支持下，推出了一个全面的在线心理治疗平台，旨在为学生提供24/7的心理支持和治疗服务。随着社会压力和学业负担的增加，学生的心理健康问题日益凸显。传统的面对面心理咨询服务受限于时间和空间的约束，无法全面覆盖和及时满足学生的需求。因此，该大学结合互联网技术，开发了这一在线平台，打破了时间和地点的限制，确保每一位需要心理帮助的学生都能随时随地获得专业的心理支持。平台的推出不仅提升了心理健康服务的可及性和便捷性，也为高校心理健康教育和干预工作提供了新的解决方案，受到了学生和教育工作者的广泛好评。

2.技术应用

（1）实时视频咨询

实时视频咨询是该平台的核心功能之一。通过这一技术，学生可以随时随地与心理咨询师进行面对面的沟通。视频咨询的优势在于它克服了时间和空间的限制，特别适用于那些无法到校的学生或在校外学习的留学生。实时视频咨询提供了即时互动的机会，使得心理咨询师能够通过观察学生的面部表情和肢体语言，更全面地了解学生的心理状态。视频咨询还能够提供一种更加亲近和私密的沟通环境，帮助学生更加开放地表达他们的情感和困扰。这种形式的咨询不仅提高了学生获得心理支持的便捷性和可及性，也为那些在传统面对面咨询中感到不适或不便的学生提供了一种替代选择。

（2）心理健康档案管理

心理健康档案管理系统是平台的另一个重要组成部分。系统能够详细记录每次咨询的内容，包括学生的心理状况评估、治疗过程、咨询师的建议和后续计划等。这些详细信息被系统化地存储在学生的个人心理健康档案中，形成连续性和系统性的记录。通过这些档案，心理咨询师可以全面了解学生的心理历程和治疗进展，帮助他们制定更有针对性的治疗方案。这种档案管理不仅提高了咨询的个性化和连续性，还能够为后续的咨询和干预提供重要的依据。此外，心理健康档案的建立和管理也有助于进行数据分析，帮助学校了解学生群体的心理健康状况，为心理健康教育和干预政策的制定提供科学依据。

（3）自动化随访系统

自动化随访系统是平台确保长期心理健康管理的关键工具。系统设置了自动提醒功能，定期跟踪学生的心理状态，并提醒他们进行后续咨询和治疗。这种自动化随访机制能够有效减少因遗忘或忽视而导致的心理问题复发或恶化风险。自动化随访系统还能够根据学生的具体情况，提供个性化的随访建议和支持措施。例如，对于那些在咨询中表现出严重心理问题的学生，系统可以设置更加频繁和密集的随访计划，确保他们能够得到持续和及时的心理支持。通过这种机制，平台不仅实现了对学生心理健康的持续关注，也增强了学生对心理治疗的依从性和参与度。

3. 效果与成果

（1）提高心理支持的便捷性和可及性

实时视频咨询功能显著提高了心理支持的便捷性和可及性。学生可以在需要时立即获得专业的心理帮助，无需等待预约或亲自前往咨询室。这种即时性和灵活性使得更多的学生能够及时获得所需的心理支持，避免了心理问题的延迟处理或加重。此外，视频咨询的方式还降低了学生寻求心理帮助的门槛，尤其是那些对面对面咨询感到不自在的学生,他们在熟悉的环境中通过视频交流,能够更加放松和坦诚地表达自己的感受。

(2)提供连续性和个性化的服务

心理健康档案管理系统帮助心理咨询师提供了更加连续性和个性化的服务。通过系统化的档案记录,咨询师能够全面了解学生的心理健康历程,制定更符合其个体需求的治疗方案。这种个性化的服务不仅提高了治疗的效果,也增强了学生的信任感和满意度。连续性的档案管理还使得咨询师能够在每次咨询中对学生的进展进行有效跟踪和评估,及时调整治疗策略,确保学生能够得到最适合的心理支持。

(3)确保心理健康的持续关注和管理

自动化随访系统确保了学生心理健康的持续关注和管理,有效减少了心理问题的复发和忽视风险。定期的随访提醒不仅帮助学生保持对心理健康的重视和关注,也提供了一个平台与心理咨询师保持长期联系。这种持续的关注和支持使得学生在面对新的心理挑战时,能够迅速获得专业帮助,避免问题的积累和恶化。此外,自动化随访系统还能够收集和分析随访数据,为学校提供重要的决策依据,帮助他们制定更有效的心理健康干预策略。

第三节 建立专业化心理咨询服务团队

一、招聘与培训心理咨询专业人员

(一)设立招聘标准

确立招聘标准是招聘和选拔心理咨询专业人员的第一步,旨在保证招聘到具有专业素养和能力的人才。在设立招聘标准时,应综合考虑以下几个方面:

1.专业背景和学历要求

心理咨询师需要具备相关心理学或心理咨询专业的学士、硕士或博士学位。此外,对于特定岗位,可能还需要具备相关的执业资格或证书,如心理咨询师资格证书等。

2.工作经验要求

招聘标准应明确心理咨询师需要具备一定的工作经验，特别是与目标群体（如大学生）相关的工作经验。招聘单位可以要求候选人有一定的实习或工作经历，或者要求具备一定的社会实践能力。

3.沟通技巧和咨询能力评估

心理咨询师的工作需要良好的沟通技巧和咨询能力。因此，招聘标准可以包括对候选人进行面试和综合评估，以评估其沟通技巧、人际关系能力、情绪管理能力等方面的表现。

（二）开展系统化的培训计划

一旦招聘到合适的心理咨询专业人员，就需要为其提供系统化的培训计划，以提升其专业水平和服务能力。培训计划应包括以下几个方面：

1.心理咨询理论与技术

培训计划应围绕心理咨询的基本理论和技术展开，包括心理咨询的理论模型、咨询技术和方法论等方面的内容。培训内容可以涵盖认知行为、人本主义、系统治疗等多种心理咨询方法。

2.心理疾病识别与干预

心理咨询师需要具备识别和干预心理疾病的能力。因此，培训计划应包括心理疾病的常见症状、诊断标准和治疗方法等方面的内容，以提高咨询师对心理疾病的认知水平和干预技能。

3.跨文化咨询

随着社会的多元化和全球化，心理咨询师需要具备跨文化咨询的能力。培训计划可以包括跨文化心理学、跨文化沟通和跨文化咨询技能等方面的内容，以提高咨询师在不同文化背景下的工作能力。

（三）鼓励心理咨询师参与持续教育和专业发展

心理咨询领域知识更新迅速，为了跟上时代发展和行业变化，鼓励心理咨询师参与持续教育和专业发展是必不可少的。具体措施可以包括：

1.提供学习资源

为心理咨询师提供丰富的学习资源，包括学术期刊、专业书籍、在线课程等，以满足其学习需求和兴趣。

2.组织专业培训

定期组织专业培训活动,邀请行业专家和学者举办讲座和研讨会,为心理咨询师提供更新的理论知识和实践技能。

3.提供奖励和激励

对积极参与持续教育和专业发展的心理咨询师给予奖励和激励,如奖学金、职称晋升、学术交流机会等,以鼓励其不断学习和提升。

二、构建跨学科合作团队

(一)建立跨学科的心理咨询团队

跨学科的心理咨询团队是一支由不同专业领域的专业人士组成的团队,旨在为大学生提供综合、多元化的心理咨询服务。该团队通常由心理学、社会工作、医学、教育学等专业领域的专家和从业者组成,他们具有不同的专业背景和技能,能够从不同角度对学生的心理问题进行分析和干预。在建立跨学科的心理咨询团队时,首先,需要明确团队成员的角色和职责。心理学专家负责心理评估和诊断,社会工作专家关注学生的社会环境和人际关系,医学专家提供身心健康方面的支持,教育学专家关注学生的学业和发展。通过整合不同专业领域的专业知识和技能,团队能够提供更加全面和针对性的心理咨询服务,满足学生的多样化需求。其次,建立跨学科心理咨询团队需要注重团队成员之间的协作和沟通。定期举行团队会议和讨论,让团队成员分享自己的经验和观点,共同探讨解决方案。此外,建立团队内部的沟通渠道和协作机制,促进信息的共享和工作的协调。最后,建立跨学科心理咨询团队需要制定明确的工作流程和管理机制。指定专业领域的主管负责协调和管理团队的工作,统筹各个专业成员的工作任务和资源分配。同时,建立有效的绩效考核机制,激励团队成员积极参与合作,共同实现团队目标。

(二)召开定期的跨学科团队会议和案例讨论

为了促进跨学科团队的合作和交流,召开定期的团队会议和案例讨论是非常重要的。这些会议和讨论可以帮助团队成员分享自己的经验和观点,共同探讨解决方案,提升服务质量和效果。在团队会议上,团队成员可以就近期工作中遇到的问题进行讨论,分享解决方案和经验。同时,可以针对特定的心理案例展开讨论,分析案例背后的心理机制和影响因素,共同制定有效的干预方案。

通过这种交流和讨论，团队成员能够相互学习和借鉴，提高自身的专业水平和服务能力。除了定期的团队会议外，还可以组织专题研讨会和工作坊等，邀请外部专家和学者参与，为团队成员提供更广泛的学术交流和专业培训机会。这些活动不仅有助于拓宽团队成员的专业视野，还可以促进跨学科合作和跨领域交流，推动团队的不断发展和进步。

（三）指定专业领域的主管负责协调和管理跨学科团队

在跨学科心理咨询团队中，指定专业领域的主管负责协调和管理团队的工作是至关重要的。这位主管应具备丰富的心理咨询经验和管理能力，能够有效地统筹和组织团队的工作，确保团队能够高效运作。首先，主管需要负责团队成员的招聘和选拔工作。他们应该制定明确的招聘标准，确保招聘到具有专业背景和优秀能力的心理咨询专业人员。在面试和评估过程中，主管应该注重候选人的沟通技巧、团队合作能力和专业素养，以确保团队的整体质量。其次，主管需要制订团队的工作计划和目标，并监督团队成员的工作进展。他们应该根据团队的实际情况和需求，合理安排工作任务和资源分配，确保团队的工作能够有序开展。同时，主管应该及时跟进团队成员的工作进度，发现问题并及时解决，确保团队工作的顺利进行。此外，主管还应负责团队内部的协调和沟通工作。他们需要建立有效的团队内部沟通机制，促进团队成员之间的信息共享和工作协作。通过定期召开团队会议和个别沟通，主管可以及时了解团队成员的需求和困难，为他们提供必要的支持和帮助。最后，主管需要建立有效的团队绩效考核机制，激励团队成员的积极性和创造力。他们应该根据团队的工作目标和成果，制定相应的绩效评价标准，定期对团队成员进行评估和反馈。通过激励机制，主管可以促进团队成员的个人成长和团队整体的发展，提高团队的凝聚力和执行力。

三、推行持续专业发展与质量监控机制

（一）建立心理咨询师的绩效评估体系

心理咨询师的绩效评估体系是保证其持续专业发展的关键环节。首先，需要确定评估内容，包括咨询技能、服务态度、工作效率等方面。这些评估指标应当具体、量化，并能够客观地反映心理咨询师的工作表现。例如，咨询技能可以通过评估咨询过程中的问题分析能力、解决方案制定能力等来衡量；服务

态度可以通过学生反馈和观察记录来评估；工作效率则可以根据咨询师的工作量和处理事务的速度来评估。其次，需要建立评估的周期和频率。一般而言，绩效评估应该定期进行，以确保及时发现问题并采取措施加以解决。评估周期可以根据实际情况确定，通常为半年或一年一次。在每次评估之后，应该及时给予反馈和指导，帮助心理咨询师改进工作表现，并为其提供进一步的发展方向和培训建议。最后，评估结果应该被用于决策和管理。根据评估结果，可以对心理咨询师的工作进行奖励或惩罚，激励其提高工作质量。同时，也可以根据评估结果调整培训计划和发展方向，帮助心理咨询师更好地实现个人和团队的发展目标。

（二）实施定期的服务质量评估和满意度调查

实施定期的服务质量评估和满意度调查是提升心理咨询服务质量和学生满意度的关键举措。这一过程涉及多个方面，需要系统性设计和执行，以确保获取准确、全面的反馈信息，并能够有效将其转化为改进措施。

首先，评估和调查的范围应该覆盖所有接受心理咨询服务的学生。这包括不同年级、不同专业、不同性别和不同文化背景的学生，以确保反馈的全面性和代表性。同时，评估内容应该涵盖多个方面，包括对咨询师的专业能力和服务态度的评价、咨询服务的效果和实用性、服务过程中的沟通和互动体验等。其次，评估和调查的方法应该多样化，以适应不同学生群体的需求和习惯。问卷调查是最常见的方法之一，可以通过设计结构化的问卷表格来收集学生的反馈意见。此外，也可以采用面对面访谈、焦点小组讨论等方式，以获取更加深入和具体的信息。为了确保数据的客观性和准确性，评估工作应该由专业人士或独立的第三方机构负责执行，并在保护学生隐私的前提下进行数据分析和总结。最后，评估和调查的结果应该及时分析和总结，并进行有效反馈和应对。学校应该建立完善的反馈机制，确保评估结果能够及时传达给相关的心理咨询团队和个人。根据评估结果，学校应该采取积极的改进措施，调整和改进心理咨询服务的内容和方式，以提高服务质量和学生满意度。

（三）建立完善的质量监控体系

建立完善的质量监控体系是保障心理咨询服务质量的重要举措。这个体系应该包括内部审核、外部评估和第三方监督等多种方式，以确保心理咨询服务的规范性和专业性。内部审核主要由学校内部的相关部门或机构负责，通过定期对心理咨询服务进行自查和评估，发现和解决存在的问题和不足。外部评估可以由专业机构或第三方评估团队负责，通过对学校心理咨询服务的独立评估和监督，提供客观的评价和建议。第三方监督则可以由相关政府部门或行业协会负责。通过对心理咨询服务的监督和检查，确保其符合相关法律法规和行业标准。建立完善的质量监控体系需要制定相应的政策和规章制度，并确保其得到有效执行和监督。同时，还需要建立有效的信息共享机制，促进内部部门和外部机构之间的合作和交流，共同提升心理咨询服务的质量和水平。

第四节　设立心理咨询评估与质量控制体系

一、制定客观评估指标与标准体系

（一）确定量化的评估指标

心理咨询服务的质量评估需要建立一套客观、可衡量、可比较的评估指标体系。

1.覆盖率的评估指标

覆盖率的评估指标涉及对服务接受者的全面统计和分析，以全面了解心理咨询服务的覆盖范围和效果。

第一，覆盖率的评估需要对服务接受者进行分类，以便进行详细的统计和分析。这一分类可以基于多种维度，包括学生的年级、性别、专业、心理健康状况等。通过这些分类，可以更好地了解不同群体之间的服务覆盖差异，从而有针对性地进行改进和调整。

第二，覆盖率的评估需要统计每学期或每年咨询服务覆盖的学生人数。这一统计数据是评估服务覆盖范围的直接指标，可以反映出服务的普及程度和影响力。通过对这些数据的比较和分析，可以发现服务覆盖存在的问题和不足之处，为后续的改进提供依据。除了统计覆盖的学生人数外，还可以进一步分析不同群体之间的覆盖差异和特点。例如，可以分析不同年级、不同专业或不同性别学生的服务接受情况，以了解服务覆盖的均衡性和差异性。通过这种分析，可以发现潜在的服务盲区和薄弱环节，为提高服务覆盖率提供有针对性的策略和措施。

第三，覆盖率的评估应该是持续的、定期的过程，以确保评估结果的及时性和准确性。定期的覆盖率评估可以帮助学校及时发现问题和趋势变化，及时调整和改进服务策略，不断提升服务的覆盖范围和效果。

2.响应速度的评估指标

响应速度的评估指标涉及对学生咨询请求提交后的反馈时间进行记录和分析，以确保服务的及时性和有效性。

第一，响应速度的评估需要建立标准的响应时间。这一标准的设立应当基于对学生需求的合理估计和理解，并充分考虑到服务的实际情况和资源限制。例如，可以设立24小时内或48小时内对学生的咨询请求进行回复的标准。这样的标准既能够满足学生对及时支持的需求，又能够兼顾咨询服务团队的实际情况和工作负荷。

第二，响应速度的评估需要对实际的响应时间进行记录和分析。这包括记录学生咨询请求提交后咨询师的反馈时间，并与设立的标准响应时间进行比较。通过对这些数据的分析，可以评估心理咨询服务的响应速度是否达到标准要求，及时发现和解决存在的问题和不足之处。除了对整体的响应速度进行评估外，还可以针对不同类型的咨询请求进行分类分析，以了解不同类型请求的处理效率和质量。例如，可以对紧急性较高的咨询请求进行重点监测和评估，以确保这些请求能够得到及时和有效地响应和处理。

第三，响应速度的评估应当是持续的、定期的过程，以确保评估结果的及时性和准确性。定期的响应速度评估可以帮助学校及时发现问题和趋势变化，及时调整和改进服务策略，提高响应速度的效率和质量。

3.咨询师专业水平的评估指标

咨询师的专业水平评估需要综合考虑多个方面，以确保其具备必要的专业素养和技能，能够胜任心理咨询工作并有效地帮助学生解决心理问题。

第一，评估咨询师的学历背景是评估专业水平的重要指标之一。咨询师应当具备心理学或相关专业的本科及以上学历，并且接受过系统的心理学和心理咨询专业培训。高等教育背景可以为咨询师提供专业知识和理论基础，为其提供更好地从事心理咨询工作的基础。

第二，评估咨询师是否具备相关的执业资格和证书也是评估专业水平的重要指标之一。例如，心理咨询师、临床心理学家等专业资格的取得，表明咨询师在相关领域具备了一定的专业素养和能力，能够胜任心理咨询服务工作。这些资格的取得通常需要经过专业的培训和考试，对咨询师的专业水平有一定的保证和验证作用。

第三，评估咨询师的工作经验和专业技能也是评估专业水平的重要考量因素之一。咨询师应当具备丰富的实践经验，能够灵活运用各种心理咨询技术和方法，针对不同的学生问题提供个性化的咨询服务。具有良好的沟通能力、倾听技巧、情绪管理能力等专业技能也是评估咨询师专业水平的重要指标之一。

（二）制定详细的服务标准和操作规程

1.咨询师的职责与义务

（1）专业背景要求

所有心理咨询师应具备相关专业的学历背景，例如心理学或相关领域的本科及以上学位，并持有相关的执业资格或证书。这种专业背景的要求确保了咨询师具备必要的专业知识和技能，能够提供高质量的心理咨询服务。

（2）保密责任

咨询师有责任严格遵守保密原则，保护服务对象的隐私和个人信息。他们不得将服务对象的个人信息透露给第三方，除非获得服务对象明确的同意或法律法规规定的情况下。

（3）持续学习与提升

咨询师应不断进行专业学习和提升，了解最新的心理学理论和技术，提高自身的专业水平和服务能力。他们可以通过参加学术会议、专业培训和研讨会等活动，保持与行业前沿的接轨。

（4）建立良好的咨询关系

咨询师应积极与服务对象建立良好的咨询关系，包括建立信任、尊重、理解和支持的氛围，以促进服务对象的情绪释放、问题解决和个人成长。

（5）辅导和指导

咨询师需要通过专业的心理咨询技术和方法，为服务对象提供有效的心理辅导和指导,帮助他们应对生活中的挑战和困难,提升心理健康水平和生活质量。

2.服务对象的权利与义务

（1）知情权和选择权

服务对象有权知情并选择是否接受心理咨询服务，以及选择合适的咨询师和咨询方式。他们有权了解咨询过程中可能涉及的风险和收益，并据此做出自己的决策。

（2）隐私权和保密权

服务对象享有隐私权和个人信息保护权，咨询师在咨询过程中应严格保护服务对象的隐私和个人信息，不得泄露或滥用。

（3）提供真实信息

服务对象应向咨询师提供真实、准确的个人信息和咨询需求，配合咨询师进行咨询评估和服务计划的制订，以获得更好的咨询效果。

（4）尊重咨询师

服务对象应尊重咨询师的职业道德和专业权威，配合咨询师进行咨询过程中的规范操作和指导，共同维护良好的咨询关系和工作环境。

3.服务流程与管理机制

（1）咨询预约和安排

服务对象可以通过学校指定的渠道进行心理咨询预约，学校应提供方便快捷的预约服务，确保服务对象的需求得到及时响应和安排。

（2）初访评估和服务计划制订

服务对象首次接受心理咨询服务时，咨询师应进行初访评估，了解服务对象的问题和需求，制订个性化的服务计划和目标。

（3）咨询过程和记录管理

咨询师应根据服务对象的需求和服务计划，开展心理咨询过程，并及时记录咨询内容和进展情况，确保服务的连贯性和有效性。

（4）咨询结束和跟进

在服务周期结束时，咨询师应与服务对象进行咨询结果总结和反馈，评估咨询效果并探讨下一步的发展方向。同时，为了保障服务的连续性和稳定性，咨询师还应建立跟进机制，定期与服务对象进行联系和沟通，了解其后续情况，提供必要的支持和指导。

（三）建立评估体系

建立评估体系是确保心理咨询服务质量持续改进的关键步骤。这个体系应当将各项评估指标和标准纳入日常管理和考核中，并进行定期的评估和监测。评估结果可作为改进心理咨询服务质量的重要依据，从而促进服务体系的不断优化和提升。评估体系应当包括评估方法、评估周期、评估责任部门等内容，以确保评估的科学性和有效性。

1. 评估方法

针对心理咨询服务的特点和需求，应选择适当的评估方法和工具。常用的评估方法包括定量和定性相结合的方法，如问卷调查、面试访谈、焦点小组讨论、案例分析等。这些方法可以从不同的角度和层面对心理咨询服务进行全面、深入地评估。

2. 评估周期

应当制定明确的评估周期，以确保评估工作的及时性和连续性。评估周期可以根据实际情况进行设定，一般建议每学期或每年至少进行一次评估，以掌握服务质量的动态变化和发展趋势。

3. 评估责任部门

需要明确评估工作的责任部门和具体责任人员。通常情况下，学校心理咨询中心或类似的机构负责组织和实施评估工作，评估团队由专业的心理咨询师和相关领域的专家组成，确保评估工作的科学性和客观性。

二、强化用户满意度调查与反馈机制

（一）实施定期的用户满意度调查

心理咨询服务的用户满意度调查是了解学生对服务的真实感受和评价的重要途径之一。定期进行用户满意度调查，可以帮助心理咨询中心了解学生对服务的满意程度，从而及时调整和改进服务内容和方式。调查方法可以采用问卷调查、面对面访谈等方式，以覆盖不同学生群体和需求。问卷调查可以涵盖服务内容、咨询师表现、服务效果等多个方面。通过定量和定性分析，全面了解学生对服务的评价和意见，为服务质量的提升提供有力支持。

（二）设立有效的投诉处理机制

建立有效的投诉处理机制是维护学生权益、保障服务质量的关键。学生对心理咨询服务可能会产生不满或投诉，应该设立受理渠道和处理流程，及时接收和处理学生的投诉和意见反馈。投诉处理过程应当公开、透明、公正，学生可以通过多种途径提交投诉，如书面信函、电子邮件、电话等，并确保及时回应和处理。投诉处理人员应当具备专业素养和处理技巧，能够妥善处理各类投诉，并及时向学生反馈处理结果，保障学生权益，维护服务形象。

（三）建立持续改进机制

持续改进机制是确保心理咨询服务质量持续提升的重要保障。根据用户满意度调查和投诉反馈结果，心理咨询中心应当制订相应的改进措施和行动计划，及时优化和调整服务内容和方式。改进措施可以涉及咨询师培训、服务流程优化、资源配置调整等方面，以解决存在的问题和不足，并提高服务的针对性和质量。持续改进机制应当具有科学性和可操作性，要求相关部门和人员密切配合，确保改进措施的有效实施和持续推进，为学生提供更加优质的心理咨询服务。

三、建立有效的质量控制与改进体系

（一）建立内部质量控制机制

1. 制定评估标准

心理咨询服务的质量评估需要建立明确的评估标准和指标体系，以确保评估的科学性和全面性。在制定评估标准时，应考虑以下几个方面：

（1）服务流程标准：明确心理咨询服务的各个环节和流程，包括咨询预约、初访评估、咨询过程、咨询记录和咨询结束等，确保服务的规范进行。

（2）咨询师表现标准：设定咨询师的职责与义务，要求其具备良好的职业道德和专业素养，保障咨询过程的专业性和有效性。

（3）服务效果评估标准：建立衡量咨询服务效果的指标体系，包括学生情绪状态的改善程度、问题解决的效果、学生满意度等方面，从而评估咨询服务的实际效果。

（4）服务质量监控标准：建立监控服务质量的指标体系，包括服务响应速度、服务满意度、服务对象的反馈等方面，用于监督和管理咨询服务的质量和效果。

2. 开展自我评估

自我评估是内部质量控制的重要环节。通过团队内部的自我审查和评估，可以及时发现和解决存在的问题，提高服务质量和水平。在开展自我评估时，应注意以下几点：

（1）组织评估活动：定期组织心理咨询团队开展评估活动，包括评估会议、讨论和反思等形式，全面审查和评估服务质量。

（2）收集评估数据：收集相关数据和信息，包括服务记录、用户反馈、咨询师表现等方面的数据，用于评估和分析服务质量。

（3）制定评估标准：根据制定的评估标准和指标，对服务质量进行评估和打分，识别出存在的问题和改进空间。

3.制订改进计划

根据自我评估的结果，制订改进计划和措施，是提升服务质量和效果的关键步骤。在制订改进计划时，应考虑以下几个方面：

（1）明确改进方向和目标：根据评估结果确定改进的重点和优先级，明确改进的方向和目标。

（2）制定具体措施：针对评估中发现的问题，制订具体的改进措施和行动计划，包括改进服务流程、加强咨询师培训、优化服务管理等方面。

（3）建立实施机制：建立改进措施的实施机制，明确责任人和时间节点，监督和跟踪改进计划的实施情况。

（二）强化外部质量监督和评估

1.选择评估机构

选择评估机构是强化外部质量监督和评估的重要步骤之一。以下是一些具体的措施：

（1）市场调研和比较：进行市场调研，了解不同评估机构的专业水平、服务范围、费用等情况。通过比较，选择与学校和心理咨询中心需求最匹配的评估机构。

（2）考察机构资质：审查评估机构的资质和信誉，包括机构的注册情况、历史记录、专业认证等方面，确保选择的机构具有专业性和可靠性。

（3）咨询专家建议：咨询心理咨询领域的专家和学者，获取他们对评估机构的建议和推荐，以便更加全面地考虑选择的因素。

2.开展评估活动

开展质量评估和监测活动是强化外部质量监督和评估的核心内容。以下是一些具体的措施：

（1）确定评估内容和范围：与评估机构合作，明确评估的内容和范围，包括服务流程、服务效果、咨询师能力等方面。

（2）组织评估活动：组织学校和心理咨询中心的相关人员参与评估活动，配合评估机构开展实地调研、访谈、文件审查等评估工作。

（3）提供必要支持：向评估机构提供必要的支持和配合，如提供相关文件资料、安排评估访谈场地等，以确保评估工作的顺利进行。

3.接受评估结果

接受评估结果是外部质量监督和评估的最后一步，对评估结果的认真分析和反馈将有助于服务质量的提升。以下是一些具体的措施：

（1）认真分析评估报告：认真阅读评估机构提供的评估报告和建议，对评估结果进行客观分析，识别出存在的问题和改进的空间。

（2）制订改进计划：根据评估结果制订改进计划和措施，明确改进的方向、目标和具体措施，以解决评估中发现的问题和不足。

（3）反馈评估机构：向评估机构提供反馈，分享对评估过程和结果的看法和意见，为评估机构提供改进建议，以促进评估工作的持续改进。

（三）建立跟踪评估机制

1.设立跟踪评估指标

跟踪评估机制的有效性取决于明确的评估指标，以下是一些具体的措施：

（1）学生满意度：定期调查学生对心理咨询服务的满意度，了解他们对服务质量的感受和评价。

（2）咨询服务效果：评估咨询服务的效果，包括学生问题的改善程度、心理健康水平的提升等方面。

（3）服务响应时间：跟踪记录学生咨询请求提交后的响应时间，评估服务的及时性和效率。

2.定期跟踪评估

跟踪评估指标需要定期监测和评估，以确保改进措施的实施效果和服务质量的变化情况。以下是一些具体的措施：

（1）定期收集数据：建立数据收集机制，定期收集和整理相关数据，包括学生满意度调查结果、咨询服务效果评估数据等。

（2）分析评估结果：对收集到的数据进行分析和比较，了解改进措施的实施效果和服务质量的变化趋势，发现存在的问题和改进空间。

（3）制订改进计划：根据评估结果制订改进计划和措施，明确改进的方向和目标，为持续改进提供指导和支持。

3.持续改进

跟踪评估机制的最终目的是持续改进心理咨询服务的质量和效果，以下是一些具体的措施：

（1）及时调整策略：根据跟踪评估结果，及时调整和改进服务内容和方式，解决存在的问题和不足。

（2）促进专业发展：针对评估结果中发现的问题，提供相应的培训和学习机会，提升咨询师的专业水平和服务能力。

（3）建立反馈机制：建立学生和咨询师之间的反馈机制，鼓励学生提供意见和建议，促进服务质量的持续改进。

参考文献

[1] 王雪. 以互联网加强高校宣传思想工作[N]. 中国社会科学报, 2019-3-21.

[2] 郝颖. 新时代大学生心理健康教育创新的现实难题与对策[J]. 教育与职业, 2020（9）: 107-111.

[3] 沈贵鹏. 教育学视域中心理健康教育模式的转型[J]. 教育与职业, 2020（3）: 62-67.

[4] 周婷婷. 大学生心理健康教育课程"体验式学习"教学改革探析[J]. 智库时代, 2019（34）: 289-290.

[5] 于青秀. 民办院校大学生心理健康状况调查与研究[J]. 现代职业教育, 2022（19）: 134-136.

[6] 仇亚兰. 大学生心理健康现状调查: 以盐城幼儿师范高等专科学校为例[J]. 黑龙江科学, 2022, 13（8）: 96-97.

[7] 吴小燕, 祁雷, 章葳蕤, 等. 大学生心理健康状况调查分析[J]. 心理月刊, 2022, 17（4）: 226-228.

[8] 闵强, 孙明月. 疫情防控常态化时期大学生心理健康状况的调查与分析: 基于河南工学院2020级790名学生的SCL-90分析[J]. 河南工学院学报, 2021, 29（3）: 65-69.

[9] 向洁. 大学生心理健康教育课程实施的现状及对策研究[J]. 智库时代, 2020（13）: 194-195.

[10] 张志芳. 大学生心理健康教育课程教学现状及对策分析[J]. 知识经济, 2019（12）: 169, 171.

[11] 刘霞. 新时期大学生思想政治教育与心理健康教育的整合路径研究[J]. 学周刊, 2022（35）: 31-33.

[12] 王姝, 郝宁, 陈宁宁, 等. 新时期大学生心理健康教育的思考[J]. 中国

继续医学教育，2022（20）：19-20.

[13] 贺振航. 新时期加强大学生心理健康教育的途径探索 [J]. 长江丛刊，2022（30）：30-32.

[14] 任洁. 探索构建"三全"育人模式大学生心理健康教育体系研究 [J]. 科学咨询（科技·管理），2022（4）：2-3.

[15] 姜俊玲，程云霞. 突发公共卫生事件背景下大学生心理危机干预研究——基于 N 大学的实践 [J]. 河南教育（高等教育），2023（3）：47-49.

[16] 王清霞. 突发性公共事件中大学生心理危机干预策略研究——以新冠疫情为例 [J]. 成才之路，2022（20）：21-24.

[17] 王祥龙. 三全育人背景下高校大学生心理危机对策探讨 [J]. 内蒙古财经大学学报，2021，19（5）：42-45.

[18] 田雨顺. 大数据分析在重大突发公共事件心理危机干预中的应用 [J]. 心理月刊，2021，16（6）：15-16+63.

[19] 王静会，李荣瑶. 新形势下大学生心理危机干预工作机制研究 [J]. 河北公安警察职业学院学报，2023，23（3）：79-81.

[20] Andersen Kent. Rethinking College Student Development Theory Using Critical Frameworks[J]. Journal of College and Character，2020，21（3）.

[21][美]Jerry Jensen Arnett 著，段鑫星等译. 长大成人——你所要经历的成人初显期（第二版）[M]. 北京：科学出版社，2017.

附　录

附录一　中国大学生心理咨询服务的可及性、体验感和支持方案：基于心理咨询方案的改进问卷

亲爱的同学：

以下是对"中国大学生心理咨询服务的可及性、体验感和支持方案：基于心理咨询方案的改进"的调查。您的回答将为我的研究提供有价值的基础。请花一点宝贵的时间，仔细阅读问题，并根据自己的实际情况回答！问卷不需要记忆，答案没有对错，仅供研究使用。请放心回答，您的隐私将是我最关心的。谢谢您的合作！

第一部分　受访者简介

我的年级：A. 大一 B. 大二 C. 大三 D. 大四

2. 我的性别：A. 男 B. 女

3. 生源地：A. 农村 B. 城市

4. 我的专业：_____

5. 在接受学校咨询服务的过程中，根据我的感受，对以下内容进行评分（60分为及格，总分100分）

　　A. 专业性 _____ 分

　　B. 隐私保护性 _____ 分

　　C. 对话舒适性 _____ 分

　　D. 咨询有效性 _____ 分

第二部分　具体调查

指导语：请在与我的看法相符的栏上打勾，共分为四个评定等级：

4 - 强烈同意（SA）

3 - 同意（A）

2- 不同意（D）

1 - 强烈反对（SD）

1. 可及性（Accessibility）

1.1 意愿性	SA4	A3	D2	SD1
在经历了某种严重的心理压力或困扰之后，我才会被迫寻求心理咨询服务。				
2. 我愿意与心理咨询师分享我的个人隐私和敏感信息。				
3. 我对心理咨询服务的态度会受到我周围群体的影响。				
4. 我担心接受心理咨询服务会对我产生负面影响（如被排挤、被贴标签等）。				
5. 我认为暴露问题所带来的耻辱感会影响个体寻求心理咨询帮助的意愿性。				
6. 我认为高校心理咨询老师没有外面的专业，所以不愿意在学校做心理咨询。				
7. 我更愿意通过网络与心理健康专家进行远程心理咨询。				
8. 我认为学校的文化鼓励学生寻求心理咨询服务，而不会受到歧视。				
9. 我认为没有心理问题，如有学业压力、就业压力等也可以接受心理咨询服务。				
10. 我认为一个安全、私密的咨询环境会增加我寻求心理咨询服务的意愿性。				
1.2 普及性	SA4	A3	D2	SD1
1. 我认为学校的心理咨询服务中心利用率不高。				
2. 我认为高校应该积极宣传心理咨询服务，以增加学生的知晓度和利用率。				
3. 我认为高校应该将心理咨询服务纳入学生的常规课程或活动中，以增加学生对心理咨询服务的接受程度。				
4. 我认为学校应该采取更多措施来消除学生对心理咨询服务的社会标签和偏见。				
5. 我认为学校应该建立更多的心理咨询服务中心以提高服务的可及性。				
6. 我认为学校的心理咨询服务中心设施设备不够先进，影响使用性。				
7. 我认为学校专职咨询师的数量不够，供不应求，从而影响普及性。				
8. 我认为许多人不去心理咨询是因为未能认识到该问题是心理问题。				
1.3 便捷性	SA4	A3	D2	SD1
1. 在我校园内，我知道可以在哪里找到心理咨询服务。				
2. 在寻求心理咨询服务时，我觉得有足够的信息告知我服务的具体位置和时间。				

续表

3. 我曾因为地点不便,而选择放弃心理咨询服务。				
4. 我曾因为时间不便,如等待时间过长等,而选择放弃心理咨询服务。				
5. 我认为如果学生宿舍楼内有心理咨询点会有更多人愿意前往。				
6. 对于心理咨询服务的时间灵活性,我感到有改进的空间。				
7. 在预约心理咨询服务时,我觉得流程简单而便捷。				
8. 在咨询服务的预约过程中,我感到有足够的隐私和保密性。				
9. 在我使用预约系统时,我遇到过技术或操作上的困扰。				
10. 我认为心理咨询服务的预约系统可以更加用户友好。				

2. 体验感（Experience）

2.1 情感支持程度	SA4	A3	D2	SD1
1. 在咨询过程中,我感到与咨询师的沟通顺畅。				
2. 在咨询过程中,我感到有足够的机会表达自己的想法和情感。				
3. 在咨询过程中,我感到咨询师给了足够的倾听和关心。				
4. 在咨询过程中,我感到咨询师对我的价值观和想法给予了足够的接纳和尊重。				
5. 在咨询过程中,我感到咨询师对我的问题表现出了足够的敏感性。				
6. 在咨询过程中,我感到咨询师在处理我的情绪时给予了恰当的安慰和支持。				
7. 在咨询过程中,我感到咨询师的非语言沟通（面部表情、姿势、眼神等）增强了我的情感链接和信任感。				
8. 我赞同来访者的配合度会影响咨询效果。				
9. 我的咨询体验是否良好主要取决于心理咨询过程中的情感支持程度。				
2.2 问题解决程度	SA4	A3	D2	SD1
1. 在咨询过程中,我感到被激发去思考和探索自己的问题。				
2. 在咨询结束后,我对自我或者面临的问题有了更清晰的认识。				
3. 通过咨询增强了我的责任意识,并使我对未来的变化充满信心。				
4. 我觉得咨询给了我全新的体验,我可以清晰地感受到咨询前后我是有变化的。				
5. 我觉得有咨询中有一些策略是可以应用在日常生活中的。				
6. 我认为朋辈辅导是一种很好的心理咨询服务方式,效果有时比专业咨询要好。				
7. 我赞同一种观点,即心理咨询一般不解决具体问题。				
8. 尽管心理咨询并没有解决我的问题,但我仍认为咨询是有意义的。				
9. 我的咨询体验是否良好主要取决于心理咨询过程中的问题解决程度。				
2.3 咨询关系质量	SA4	A3	D2	SD1
1. 在咨询过程中,我感到咨询师充分考虑了我的期望和目标。				
2. 在咨询过程中,我经常收到咨询师的反馈和评估。				
3. 在咨询过程中,我感到咨询师能够提供恰当的支持和指导。				
4. 在咨询过程中,我感到与咨询师建立了良好的互动和信任关系。				

续表

5. 在咨询过程中，我对咨询师的专业水平（如知识储备、技能技巧等）整体感到满意。			
6. 我赞同咨询师的人格特质（如热情友好等）在咨询关系中起到重要作用。			
7. 我认为咨询关系质量主要取决于心理咨询师的专业程度。			
8. 我认为咨询师可以通过提供个性化\多样化解决方案来增强咨询体验。			
9. 我赞同高校心理咨询服务应该以发展性心理咨询为主，障碍性心理咨询为辅。			
10. 我赞同在建立牢固的咨询关系方面，时间和连续性是至关重要的因素。			

3. 支持方案（Support programs）

3.1 专业化支持	SA4	A3	D2	SD1
1. 我相信学校的心理咨询服务者具备专业的紧急处理和干预能力。				
2. 我认为学校心理咨询服务应该和第三方建立合作关系，以实现更好的专业指导和转介支持。				
3. 我认为学校的心理咨询服务团队应该定期接受督导，以提高他们的专业水平和服务质量。				
4. 我认为学校应该定期对心理咨询师进行专业培训和评估，以确保他们的专业水平和服务质量。				
5. 我认为自我转介项目可以增加大学生寻求心理咨询服务的可及性（自我转介项目即个人通过该项目的一系列资源和工具自行识别并获取适当的心理健康支持）。				
6. 我认为学校可以通过培训教职员工，以提高整体对学生心理健康问题的敏感度和专业化理解。				
7. 我认为学校应该对参与招聘的心理咨询服务者设立严格、特殊的准入制度。				
8. 我认为学校的心理咨询服务团队应该有充分的发展机制，确保专业水平和服务质量。				
9. 我认为学校应该设立专项资金保障心理咨询服务的专业化建设。				
10. 我认为学校应该加强心理咨询服务的相关伦理规范建设。				
3.2 多样化支持	SA4	A3	D2	SD1
1. 我赞同心理咨询不同于思想政治教育。				
2. 我认为学校应该制定明确的心理咨询服务制度，以保障不同类型学生的权益（如国际生、性别多样化学生等）。				
3. 我认为单独为每个学生建立心理咨询档案对个性化支持非常重要。				
4. 我认为学生可以建立自己的心理健康支持网络，以增强社交支持系统。				
5. 我认为学校可以提供多种咨询预约方式，以适应不同学生的需求。				

续表

6. 我认为学校可以通过提供多样化的测量评估工具，以更全面地了解学生的需求和问题。				
7. 我认为学校的咨询方式可以更加多样化（如工作坊、朋辈咨询等），以满足不同学生的需求。				
8. 我认为学校应该专门为教师提供相关心理咨询服务。				
3.3 新技术支持	SA4	A3	D2	SD1
1. 我认为基于新技术的心理健康自助工具和应用比传统的面对面心理咨询更具有可及性。				
2. 我认为基于新技术的心理健康服务社交媒体平台，其交互性和参与性有助于学生更好地理解和处理心理健康问题。				
3. 我认为基于新技术的在线心理教育资源，其内容和方式更贴近学生的实际生活需求和生活情境。				
4. 我认为新技术介入能在一定程度上解决传统心理咨询服务中的隐私保护问题，如通过加密、权限控制等。				
5. 我担心新技术在心理咨询服务中的应用会产生数字鸿沟，即那些无法访问或不熟悉技术的人们会被排除在外。				
6. 我支持学校通过虚拟现实（VR）技术为学生提供更具体、更生动的体验，从而增强干预效果和吸引力。				
7. 我支持学校通过生物反馈技术来更直观地了解自己的生理状态，从而改善个人心理健康。				
我支持学校通过社交机器人技术与学生进行自然语言交互，并提供情感支持和心理辅导。				
9. 我支持学校通过数字孪生技术为学生提供多样化、精准化的健康管理服务。				
10. 我期待新技术在心理咨询服务中有更多的发展和应用。				

附录二 大学生心理健康教育调查问卷

一、调查目的：

本问卷旨在了解大学生心理健康教育的现状和需求，以及对现有心理健康教育工作的评价和建议。

二、说明：

请您根据您的实际情况选择或填写适当的选项或内容。您的回答将对我们改进和优化心理健康教育工作提供重要参考，请您如实填写，谢谢！

三、个人信息（可选填）：

1. 姓名（选填）：_____

2. 年龄（选填）：_____

3. 性别（选填）：_____

4. 年级（选填）：_____

5. 专业（选填）：_____

四、问题：

1. 您是否知道本校有心理健康教育机构？

（1）是□

（2）否□

（3）不确定□

2. 您是否曾浏览过学校提供的心理健康知识刊物？

（1）是，经常□

（2）是，偶尔□

（3）否□

3. 您是否浏览过学校的心理健康教育网站？

（1）是，经常□

（2）是，偶尔□

（3）否□

4. 您对学校的心理健康教育工作满意程度如何？

（1）非常满意□

（2）满意□

（3）一般□

（4）不满意□

（5）非常不满意□

5. 您会因心理问题向下列哪些途径寻求帮助？（可多选）

（1）自己承受□

（2）向朋友倾诉□

（3）向家人倾诉□

（4）寻求老师帮助□

（5）心理咨询□

（6）其他，请注明：_____

6. 您认为学校的心理健康教育工作是否覆盖到位？

（1）是，完全覆盖□

（2）是，部分覆盖□

（3）否，不够覆盖□

（4）不清楚

7. 您希望在心理健康教育中更多了解哪些内容？（可多选）

（1）情绪管理□

（2）人际关系□

（3）学习压力□

（4）网络成瘾□

（5）自我认识□

（6）其他，请注明：_____

8. 您认为心理健康教育工作中最需要改进的是什么？

_____

9. 您有什么其他建议或意见？

_____

感谢您抽出时间填写本问卷！您的反馈对我们非常重要，将有助于改进和提升大学生心理健康教育工作的质量。

附录三　调查问卷设计

尊敬的同学：

您好！感谢您参与本次调查。本调查旨在了解大学生的心理健康状况及其相关因素，请您认真填写以下问题。您的回答将有助于我们更好地了解和关注大学生的心理健康问题，并为提高大学生心理健康水平提供参考。

一、个人基本信息

1. 姓名：_____

2. 性别：（ ）男（ ）女

3. 年龄：_____

4. 所在学校：_____

5. 年级：（ ）大一（ ）大二（ ）大三（ ）大四

二、生源地：

1. 家庭经济情况：（ ）良好（ ）一般（ ）困难

2. 学校生活评估

（1）对当前学校生活的满意度：（ ）满意（ ）一般（ ）不满意

（2）您是否感觉到学习压力过大？（ ）是（ ）否

（3）您是否感觉到人际关系紧张？（ ）是（ ）否

（4）您是否感觉到生活压力较大？（ ）是（ ）否

三、心理健康状况评估

请根据您最近一个月的实际情况，回答以下问题：

1. 身体是否出现不适症状（头痛、胃痛、胸闷等）？（ ）是（ ）否

2. 是否感到情绪低落、消沉或忧郁？（ ）是（ ）否

3. 是否感到焦虑、紧张或不安？（ ）是（ ）否

4. 是否出现睡眠问题（入睡困难、睡眠质量差等）？（ ）是（ ）否

5. 是否出现强迫行为或思维？（ ）是（ ）否

6. 是否出现其他异常情绪或行为？（请注明）_____

感谢您的配合和参与！您的个人信息和回答结果将严格保密，仅用于本次研究目的。如果您对本调查有任何疑问或意见，请随时与我们联系。

调查员签名：_____ 日期：_____

附录四　大学生心理健康教育活动的效果调查问卷

为了评价大学生心理健康教育活动的效果，我们设计了以下问卷调查，请您认真填写，您的意见对我们改进活动至关重要。

1.您对本次心理健康教育活动的整体满意度如何？（请在以下选项中选择一个）

（1）非常满意□

（2）比较满意□

（3）一般□

（4）不太满意□

（5）很不满意□

2.您认为本次活动的内容是否丰富多样？（请在以下选项中选择一个）

（1）非常丰富多样□

（2）比较丰富多样□

（3）一般□

（4）不太丰富多样□

（5）很不丰富多样□

3.您在本次活动中的参与程度如何？（请在以下选项中选择一个）

（1）非常积极参与□

（2）比较积极参与□

（3）一般□

（4）不太积极参与□

（5）很不积极参与□

4.您对本次活动的收获如何？（请在以下选项中选择一个）

（1）很大收获□

（2）一般□

（3）没有太大收获□

（4）没有收获□

5.您认为本次活动对您的心理健康有何帮助？（请在以下选项中选择一个）

（1）很大帮助□

（2）一般□

（3）没有太大帮助□

（4）没有帮助□

6.您是否愿意参加类似的心理健康教育活动？（请在以下选项中选择一个）

（1）非常愿意□

（2）愿意□

（3）不确定□

（4）不太愿意□

（5）不愿意□

7.您对本次活动有任何其他意见或建议吗？（请在以下空白处填写）

_____

感谢您抽出宝贵的时间填写本问卷调查！您的反馈对我们的工作至关重要，我们会认真考虑并改进我们的教育活动，提升服务质量。